Simply PASTA, PIZZA & CO.

Mit Fotografien von
Wolfgang Hummer

PASTA, PIZZA & CO.

JULIAN KUTOS

Einfach italienisch genießen

Inhalt

PASTA

PIZZA & CO.

 vegane Rezepte

vegetarische Rezepte

L'ITALIA, IL MIO GRANDE AMORE

Ich habe die Liebe zur italienischen Küche bei einem Urlaub in der Toskana entdeckt. Umgeben von grünen Hügeln, Renaissance-Städten, Kunst und Kultur, zog mich Florenz mit seiner bunten Küche in den Bann. Der Duft von Basilikum, frisch geriebenem Parmesan oder „al dente" gekochten Picci (einer lokalen Pasta-Spezialität) ließen mein Herz höherschlagen.

Ich wusste sofort, dass diese Küche für immer in meinem Leben bleiben wird. Die beliebtesten Vertreter Italiens sind für mich Pasta, Pizza & Co.

In diesem Kochbuch teile ich mit euch die Liebe zu diesem großartigen Land. Für euch habe ich meine besten Rezepte für einfachen italienischen Genuss aus allen Regionen Italiens zusammengestellt.

Euer Julian Kutos

39040 VARNA - VAHRN 16.01.12 (BZ)

POSTE ITALIANE 00,60 € SM26 112755

LE CREUSET
LE CREUSET

EINFACH | EDEL | PUR – NUR DIE BESTEN ZUTATEN

Kochen, Essen und Genießen zählen für mich zu den schönsten Dingen im Leben. Und ich investiere gerne viel Zeit und Mühe, um diese zu perfektionieren. Meine Großmutter behauptet, „Mit guten Zutaten kann man gar nichts Schlechtes kochen" – diesem Leitspruch bin ich ein Leben lang treu geblieben. Gute Zutaten sind für gute Küche essentiell. Nehmt euch diesen Spruch zu Herzen, ihr werdet es nicht bereuen. Wenn ich einkaufen gehe, achte ich auf folgende drei Kriterien bei der Auswahl meiner Zutaten:

EINFACH

Ich koche am liebsten mit einfachen Zutaten, die überall leicht erhältlich sind. Aus Tomaten, Olivenöl und Weizenmehl kreiere ich Speisen, die ihren Eigengeschmack in den Mittelpunkt stellen und jeweils das verwendete Lebensmittel zum Star machen. Denn eine Tomatensauce soll ja schließlich nach vollreifen Tomaten schmecken.

In einer Welt des Überflusses und der Reizüberflutung ist weniger oft mehr. Ich entscheide mich deshalb bewusst nur für die puren Grundzutaten und nicht für vorgefertigte und bereits verarbeitete Produkte, z.B. Fertigprodukte, Backmischungen oder dergleichen, denn diese Produkte sind weder einfach noch gut.

EDEL

Champagner und Kaviar gelten als sehr edle und luxuriöse Zutaten. Aber auch viel simplere und alltägliche Zutaten können edel sein. Buntes Gemüse, leuchtende Früchte und duftende Kräuter sind der tägliche Luxus, den wir uns gönnen sollten. Der Geschmack von frischen, selbst verarbeiteten Lebensmitteln ist so einzigartig und gar nicht mit Convenienceprodukten aus der Dose oder dem Glas vergleichbar. Eine selbst gekochte Gemüsesuppe ist edler als jeder Suppenwürfel, schmeckt um Welten besser – und der feine Duft in der Küche inspiriert jeden, daraus geniale und edle Gerichte zu kochen.

PUR, WEIL SAISONAL UND REGIONAL

Für mich sind Erdbeeren nur im Sommer gut, wenn sie süß und aromatisch sind. Außerhalb der Saison haben Erdbeeren keinen vollen Geschmack. Die meisten Lebensmittel, die früher nur für wenige Wochen oder Monate vorhanden waren, sind heute das ganze Jahr über verfügbar. Trotzdem setze ich lieber auf Saisonales und Regionales. Es schmeckt besser, ist günstiger und es erhöht die Vorfreude, wenn man weiß, dass es z.B. bald wieder für kurze Zeit frische Kirschen gibt.

Was mir hilft, nur zu puren Lebensmitteln zu greifen, ist das Einkaufen direkt beim Produzenten. Ich liebe den Wochenendkauf am Bauernmarkt, dort, wo sich die Landwirte der Region treffen und frisch geerntete, vollreife Waren verkaufen. Die Lebensmittel vom Bauern sind meist nicht nur geschmacklich besser, sondern oftmals auch günstiger und häufig biologisch.

Neugierig rauszugehen und Märkte, Hof- und Bauernläden in der Umgebung zu entdecken, ist ein großes Vergnügen – und man wird mit herausragenden Lebensmitteln belohnt.

Für den schnellen Hunger oder unangekündigte Gäste verlasse ich mich auf meine volle Vorratskammer. Diese enthält die notwendigsten und gut lagerbare Lebensmittel. Die folgende Tabelle hilft dir, deine italienische Vorratskammer anzulegen.

MEINE ITALIENISCHE VORRATSKAMMER

Diese Zutaten habe ich immer zuhause

WEIN & SPIRITUOSEN

- Weißwein
- Rotwein
- Prosecco
- Rum
- Grappa

Wenn ich Wein verkoche, verwende ich immer Weine, die mir schmecken und die ich auch so trinken würde. Wenn nur eine kleine Menge benötigt wird, eignet sich jeder Wein, der zuhause oder gerade offen ist.

PASTA & REIS

- Lasagneblätter
- Cannelloni
- Pasta, lang (Tagliatelle, Spaghetti)
- Pasta, kurz (Farfalle, Penne)
- Risottoreis

TOMATEN

- Passata
- Geschälte Tomaten
- Getrocknete Tomaten

SÜSSES

- Kristallzucker
- Marmelade (Marille)
- Honig

FISCH IN DER DOSE

- Sardellen
- Thunfisch, natur

MEHL & BROT

- Weizenmehl, Type 480 (in Deutschland 550) oder 00
- Hartweizengrieß
- Semmelbrösel

NÜSSE

- Pinienkerne
- Mandeln, geschält
- Walnüsse

ZITRUSFRÜCHTE

- Zitronen
- Orangen

IM GEFRIERSCHRANK

- Hühnersuppe
- Entkernte Marillen oder Pfirsiche
- Selbst gemachte Gnocchi
- Selbst gebackenes Brot
- Germ | Hefe
- Garnelen
- Eiswürfel

IM KÜHLSCHRANK

- Butter
- Vollmilch
- Mozzarella di Bufala
- Schinkenspeck im Ganzen
- Parmesan

FRISCHE KRÄUTER

im Garten oder am Fensterbrett

- Basilikum
- Thymian
- Petersilie
- Salbei
- Minze
- Rosmarin

ÖL & ESSIG

- Olivenöl extra nativ
- Neutrales Pflanzenöl zum Frittieren (ich bevorzuge Maiskeimöl, alternativ Raps-, Sonnenblumen- oder raffiniertes Olivenöl)
- Weißweinessig
- Rotweinessig
- Aceto Balsamico

EINGELEGTES

- Oliven, grün und schwarz
- Kapern
- Scharfe Pfefferoni

GEWÜRZE

- Fleur de Sel
- Grobes Meersalz
- Schwarzer Pfeffer
- Muskatnuss
- Paprikapulver edelsüß

WAS BRAUCHE ICH ZUM KOCHEN?

Eine umfangreiche Küchenausstattung erleichtert das Kochen enorm und erhöht den Spaßfaktor.

MESSER

Das wichtigste Küchengerät ist ein scharfes Messer.

Bei Messern bevorzuge ich japanische Messer aus Stahl. Sie sind leicht, schön, liegen gut in der Hand und eignen sich perfekt zum Feinschneiden.

Ein Küchenmesser mit 20 cm Länge ist für die meisten Aufgaben ausreichend. Zusätzlich habe ich ein Gemüsemesser. Für Brot und Tomaten empfehle ich gewellte Messer.

Scharfe Messer sind teuer in der Anschaffung. Mit der richtigen Pflege amortisieren sie sich durch eine lange Haltbarkeit. Ich empfehle den Messerkauf bei einem Fachhändler, dort können Messer ausprobiert werden, um für jede Hand das passende zu finden.

SCHNEIDEBRETTER

Jedes Messer benötigt eine Schneideunterlage. Ideal sind weiche Werkstoffe wie Holz oder Kunststoff. Glas-, Stein- oder Keramikuntergründe sind zwar schön, aber machen scharfe Messer sehr schnell stumpf.

In meiner Küche verwende ich nur Holzbretter. Diese haben eine höhere Lebensdauer und eine bessere Optik als Kunststoff. Holzbretter sind lebendig – Schnitte verschließen sich wieder – und damit sehr hygienisch. Ich verwende mehrere Bretter: ein Zwiebel- und Knoblauchbrett, eines für Fisch, eines für Fleisch und noch eines nur für Obst und Gemüse.

TÖPFE UND PFANNEN

Für Pasta, Reis, Suppen oder Saucen verwende ich Edelstahltöpfe in unterschiedlichen Größen. Passend zur Topfgröße sind Siebe für Nudeln und Co. sehr wichtig.

Zum Schmoren, für Eintöpfe und zum Anbraten schwöre ich auf Gusseisen-Töpfe. Diese sorgen für optimale Kochergebnisse und sie sind sehr lange haltbar. Außerdem kann man sie auch im Backofen verwenden.

Für scharfes Anbraten z.B. von Fleisch sind Edelstahlpfannen mit oder ohne Antihaftbeschichtung ideal.

KLEINUTENSILIEN

Schneebesen, Silikonspachtel, Allround-Edelstahl-Reibe, Zitronenpresse, Pinsel, Salatbesteck, Vorlegebesteck, Kartoffelpresse, Schöpflöffel und Abschöpfer erleichtern mir meine Arbeit in der Küche.

ELEKTRISCHE KÜCHENGERÄTE

Den Stabmixer verwende ich als Universalgerät zum Pürieren, Mixen und Zerkleinern. Küchenmaschine, Mixer und Nudelmaschine sind ideal für alle, die gerne backen, Teige und Pasta machen oder Desserts zubereiten.

AUFLAUF- UND OFENFORMEN

Ob Lasagne, Cannelloni oder andere Speisen aus dem Backofen: Feuerfestes Geschirr aus Keramik, Metall oder Glas ist notwendig für deren Zubereitung.

HERD- UND BACKOFEN

Ohne Hitze bleibt die Küche kalt. Ob Gas-, Elektro- oder Induktionsherd obliegt den Präferenzen jedes Einzelnen.

Ober- und Unterhitze oder Heißluft: Jeder Backofen kann viele kulinarische Wünsche erfüllen. Wichtig ist, dass ihr euren Backofen ausprobiert und kennenlernt, damit ihr optimale Ergebnisse erzielt.

WAAGE

Wer es genau liebt und exakt arbeiten möchte, sollte sich eine grammgenaue Küchenwaage zulegen. Vor allem für die Zubereitung von Süßspeisen sind Waagen unerlässlich.

KOCHEN MIT DEN FÜNF SINNEN

Ein integraler Bestandteil meiner Kochphilosophie ist, beim Kochen alle Sinne einzusetzen.

SEHEN

Unsere Augen geben uns die Möglichkeit, Frische und Qualität der Zutaten zu überprüfen. Sind die Waren einwandfrei oder beschädigt? Sind sie makellos und ohne Schimmelbefall? Haben Obst und Gemüse strahlende Farben oder sind sie noch grün und unreif?

Beim Kochen sehe ich, wie weit der Kochprozess schon ist. Ist mein Gemüse noch roh oder schon gekocht? Ist das Brot goldbraun oder schon verbrannt?

RIECHEN

Geruch löst beim Menschen starke Emotionen aus. Beim Einkauf rieche ich oft an meinen Lebensmitteln: Duftet das Brot oder ist es muffig? Riechen Kräuter und Gewürze frisch und aromatisch oder sind sie bereits ausgeraucht?

Beim Zubereiten ist der Geruch ein Indiz, ob die Temperatur beim Backen, Kochen oder Braten passt. Riecht es angenehm und wohlig, ist die Zubereitungstemperatur in Ordnung. Riecht es sehr streng oder vielleicht sogar verbrannt, sollte die Temperatur reduziert werden. Rieche ich weder Fett, Sauce oder Gewürze, ist mehr Hitze angebracht.

SCHMECKEN

Der Geschmack ist beim Essen der zentrale Sinn. Schmecken die Tomaten aromatisch und reif oder eher nach Wasser? Schmeckt der Käse würzig oder mild?

Neben dem Erschmecken der Qualität ist auch das Abschmecken beim Würzen essentiell: versalzen, fad oder harmonisch [→ siehe auch Seite 18]?

FÜHLEN

Das Fühlen von Lebensmitteln wird oft unterschätzt, ist aber wichtig, um den Zustand von Cremen, Teigen etc. festzustellen. Ist die Creme fein genug püriert oder enthält sie noch Stücke? Fühlt sich der Teig glatt an oder zu brüchig? Ist die Sauce heiß genug oder nur lauwarm? Ist die Pasta al dente?

HÖREN

Sogar unser Gehör ist wichtig beim Kochen, vor allem, wenn mit technischen Hilfsmitteln gearbeitet wird. Arbeitet die Küchenmaschine mit der richtigen Geschwindigkeit? Passt die Temperatur der Pfanne? Ist es ein Brutzeln oder Zischen? Um festzustellen, ob Brot fertig gebacken ist, klopfe ich auf die Unterseite des Brotlaibes. Klingt es hohl, ist das Brot durch.

Das Wichtigste aber ist: Beim Kochen immer konzentriert arbeiten, so vermeidest du unnötige Fehler.

Weil alle Lebensmittel einzigartig sind, sind Zeit- und Gewichtsangaben nur Richtwerte. Zum Beispiel: Eier haben immer unterschiedliche Größen, Teige brauchen manchmal mehr oder weniger Flüssigkeit, Kartoffeln kochen mal länger, mal kürzer, bis sie weich sind.

Das Wichtigste beim Kochen ist also, mitzudenken und zu schauen, was im Topf oder Ofen gerade passiert, und darauf entsprechend zu reagieren.

SAUER
BITTER
SALZIG
UMAMI
SCHARF
FETT
SÜSS

DIE FÜNF GESCHMACKSRICHTUNGEN

Der Schlüssel zum Erfolg beim Kochen ist das Würzen. Wer die fünf Geschmacksrichtungen süß, sauer, scharf, bitter und salzig perfekt kombiniert, erhält ausgeglichene und harmonische Speisen. Abschmecken und Würzen ist sehr subjektiv, da jede Person ein eigenes Geschmacksempfinden und andere Vorlieben hat. Aber auch das Würzen folgt einer gewissen Systematik. Es ist wie mit der Musik: Wer das Grundschema versteht, kann Speisen harmonisch und kreativ komponieren.

SÜSS verkörpert Wärme, Liebe und Herzlichkeit. Süße Speisen erinnern uns an schöne Momente im Leben, Zucker macht Gerichte warm und zärtlich.

SAUER macht lustig, ist ein alter Spruch, der auch beim Kochen gilt. Säure gibt einer Speise brillante, hohe Geschmacksnuancen – wie eine Querflöte in einem Orchester. Sie macht Speisen frischer, leichter und gibt ihnen mehr Eleganz.

SCHARFE Zutaten bringen Feuer und Leidenschaft in die Küche. Schärfe regt den Speichelfluss an, fügt einem Gericht Spannung und Drama zu und regt die Lust an.

BITTER gibt Speisen Tiefe und Körper und schafft Geschmackstöne im Hintergrund. Weil bitter so wichtig für den Geschmack ist, verwende ich sehr viele frische Kräuter und Gewürze – da diese perfekte Träger von Bitternuancen sind.

SALZIG ist der Grundgeschmack, der fast zu jeder Speise passt. Salz fördert den Eigengeschmack von Lebensmitteln, so schmecken z.B. Tomaten mit einer Prise Salz viel tomatiger. Salz gibt einer Speise Balance und gleicht alle anderen Geschmacksrichtungen aus, so dass kein Geschmack negativ hervorsticht. Weil Salz ein zentrales Thema des Würzens ist, verwende ich für alle meine Rezepte nur das Beste: Fleur de Sel. Das ist handgeschöpftes Meersalz aus Frankreich, auch bekannt als Salzblume. Fleur de Sel hat einen lieblichen und weichen Geschmack – im direkten Vergleich dazu ist normales Salz härter, aggressiver und metallisch schmeckend.

UMAMI ist ein Geschmack, der weder süß, sauer, scharf, bitter oder salzig ist. Umami wurde in Japan in Misosuppe entdeckt und ist ein „Komfortgeschmack“. Wenn dir bei einem Gericht buchstäblich das Wasser im Mund zusammenläuft, enthält es viel Umami. In der Wissenschaft wird der Umami-Geschmack mit dem Gehalt an Glutaminsäure in Lebensmitteln gemessen. Umami kann auch als „natürlich vorkommendes Glutamat“ (nicht zu verwechseln mit dem künstlichen Geschmacksverstärker) bezeichnet werden. Lebensmittel in der italienischen Küche mit dem meisten Umami-Geschmack sind Parmesan, Gorgonzola, Tomaten, Prosciutto, Speck, Pilze und Erbsen.

Alle **FETTE** haben zwar einen leichten Eigengeschmack, sie sind aber vor allem Geschmacksträger. Fett bindet sämtliche Aromen, welche dann am Gaumen kleben bleiben. Deswegen schmecken uns fette Speisen so gut.

VERSALZEN, ZU SÜSS ODER LANGWEILIG – WIE GEHT'S WEITER?

Bei jeder Speise geht es um die Balance der unterschiedlichen Geschmacksrichtungen. Ähnlich einem Klavierstück werden mehrere Tasten gleichzeitig angestimmt, um zu einer harmonisch klingenden Symphonie zu kommen.

In einer sehr gut gewürzten Speise können bis zu sechs Geschmackskomponenten gleichzeitig vorhanden sein. Andere Gerichte wiederum kommen auch mit weniger aus. Es bleibt der eigenen Kreativität und Experimentierfreudigkeit überlassen, welche Akzente man setzt.

Hier ein paar Tipps, sollte beim Würzen einmal etwas schiefgehen.

Generell gilt, dass das Zuviel von einem Geschmack durch die Zugabe von einem der anderen Geschmäcker ausgeglichen wird:

- → **Süße** wird runder durch Zugabe von Säure, im Besonderen Zitronensaft.
- → **Säure** wird ausgeglichen durch Süße.
- → **Bitterstoffe** sind ein sehr durchdringender Geschmack, deswegen sparsam dosieren. Zu viel Bitter kann durch Süße leicht verbessert werden.
- → Zu **Scharfes** wird milder durch Süße oder Säure.
- → **Salziges** wird lieblicher und voller durch Süße oder Säure.

Seid mutig und kreativ beim Würzen und traut euch, alle Geschmacksrichtungen auszuprobieren, auch wenn sie auf den ersten Blick widersprüchlich wirken.

In meinen Kochkursen lehre ich den Umgang mit gegensätzlichen Geschmacksrichtungen. Hier sind ein paar Beispiele für Widersprüche, die sich lieben:

- → **Karamellsauce** wird raffinierter durch die Beigabe von einer Prise Fleur de Sel.
- → **Tomatensauce** und **Salatdressings** schmecken mit etwas Süße feiner.
- → **Erdbeeren** und **Balsamico** sind kein Widerspruch, sondern eine süß-saure Symphonie.
- → **Zitronenzeste** über helles Fleisch, Fisch, Salat und Nachspeisen reiben.
- → **Minze** passt hervorragend zu vielen Tomatengerichten.
- → Intensive **Käsesorten** (Parmesan, Gorgonzola, Pecorino) lieben etwas Süße (Birnen, Honig, Chutneys, Gelees etc.).
- → **Honig** und **Chili** sind wie füreinander gemacht.

WIE GEHE ICH MIT SALZ UM?

Perfekt gesalzen heißt für mich, die Speise schmeckt weder langweilig noch salzig, sondern vollmundig und nach sich selbst. Wirkt ein Gericht fad, benötigt es mehr Salz. Prise für Prise nachwürzen und nach und nach probieren, bis die Speise deinem Geschmack entspricht.

WIE VERARBEITE ICH KNOBLAUCH AM BESTEN?

Knoblauch ist ein wichtiger Aromageber in der Küche. Weil Knoblauch einen sehr starken Geschmack hat, sollten wir ihn immer vorsichtig einsetzen.

Deftige Saucen wie Ragout vertragen geschnittenen Knoblauch. Für leichte Saucen kann Knoblauch als Ganzes mit der Schale verwendet werden. Den Knoblauch mit einer Messerspitze mehrmals anstechen, in die Pfanne geben, mitbraten oder mitkochen. Vor dem Servieren entfernen. Durch das Anstechen der Knoblauchzehe erhält die Speise ein leichtes, feines Knoblaucharoma, jedoch keinen penetranten Knoblauchgeschmack. Diese Technik kann für alle gekochten Speisen verwendet werden: beim Fleischanbraten, Saucenkochen, Gemüsebraten etc.

RICHTIG GEPFEFFERT

Pfeffer zählt wie Salz zu den Grundgewürzen. Ich bevorzuge schwarzen Pfeffer, da er würzig ist und eine angenehme Schärfe hat. Pfeffer sollte immer in ganzen Körnern gekauft und luftdicht gelagert werden. Vorgemahlener Pfeffer hat sehr wenig Aroma und eine graue Farbe.

Pfeffer schmeckt am besten frisch gemahlen aus einer Pfeffermühle oder grob zerstoßen im Mörser.

Anders als Salz ist Pfeffer temperaturempfindlich. Ab zirka 90 °C entwickelt er unangenehme Bitterstoffe. Um das zu vermeiden, erst nach dem Braten mit Pfeffer würzen. Bei allen Garmethoden, die auf Wasser basieren (Kochen, Dämpfen, Dünsten), kann der Pfeffer gleich mitgekocht werden.

Wie wäre es zur Abwechslung mal mit grünem, weißem oder rosa Pfeffer? Neben klassischem schwarzem Pfeffer findet ihr bei Gewürzhändlern eine große Auswahl an exotischen Pfeffersorten, mit denen ihr eine andere Würze in eure Küche bringen könnt.

Mein Favorit ist Wilder Pfeffer aus Madagaskar, er überzeugt mich mit seinem rauchigen, harzigen und sehr pfeffrigen Geschmack.

LEBENSMITTEL MIT DEN 5 GESCHMACKSRICHTUNGEN

Die folgende Übersicht zeigt dir, in welchen alltäglichen Lebensmitteln welche Geschmacksrichtung steckt. Viele Lebensmittel können auch mehr als eine Geschmacksrichtung haben und diese sind manchmal auch von der Saison abhängig. Zum Beispiel Orangen: Zur Hauptsaison schmecken sie sehr fruchtig und süß, im Sommer nicht ganz so süß und eher säuerlich.

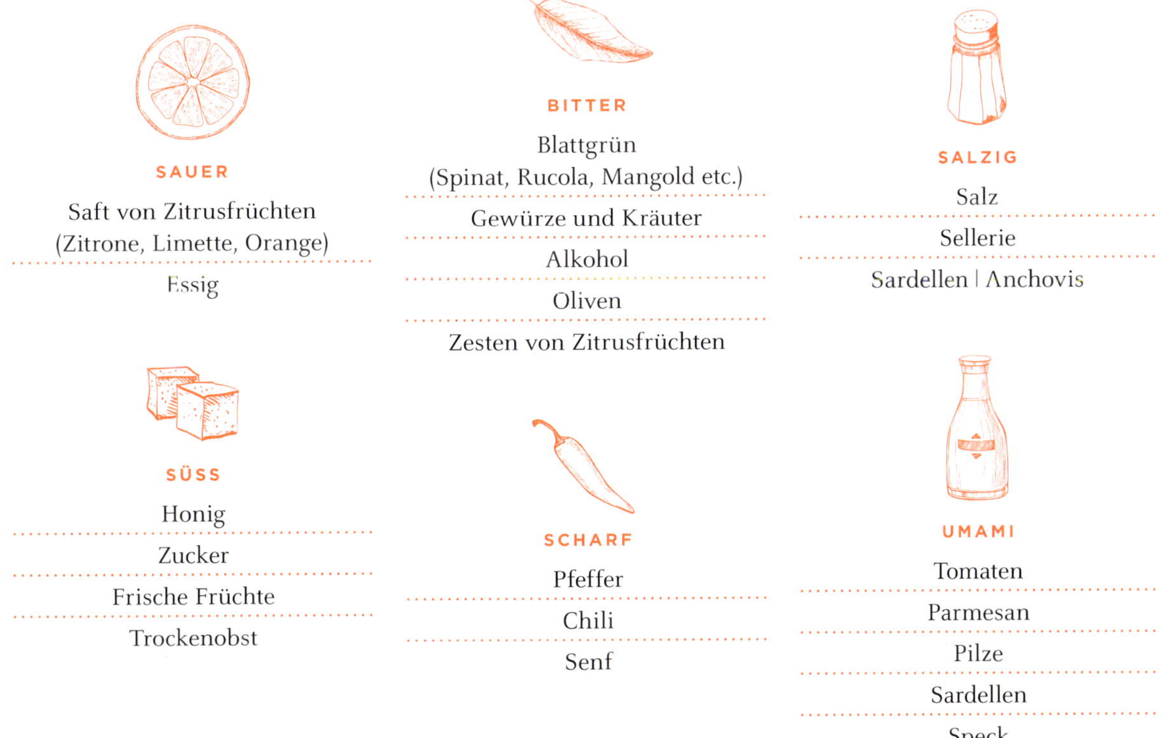

DER PERFEKTE SCHNITT

Ob Chefkoch oder ambitionierter Hobbykoch, der richtige Schnitt für Gemüse, Fleisch und Co. ist für jeden wichtig. Die richtigen Schneidetechniken helfen nicht nur bei der Zubereitung, sondern verleihen jeder Speise den richtigen Biss für besten Genuss. Hier sind die drei Hauptgründe, warum der perfekte Schnitt zählt:

1. MUNDGEFÜHL

Jede Schnittart hinterlässt ein bestimmtes Gefühl im Mund. Durch den richtigen Schnitt kommt der Geschmack der Speisen besser zur Geltung. Beispiel: kleine Karottenwürfel vs. Biss von einer ganzen Karotte; von einem Kohlblatt abbeißen vs. dünn geschnittener Kohl.

2. OPTIK

Speisen sollen nicht nur schmecken, sondern auch attraktiv aussehen. Gleichmäßig, sorgfältig geschnittene Zutaten machen jedes Gericht attraktiv.

3. GLEICHMÄSSIGE KOCHZEITEN

Gleich groß geschnittene Lebensmittel haben gleich lange Kochzeiten. Damit alle Stücke zur selben Zeit fertig werden und ähnlich durch sind, sollen die Stücke gleich groß geschnitten sein. Zum Beispiel, Karotten im selben Gericht nicht einmal würfelig und einmal in Streifen schneiden, stattdessen Karotten konsequent in gleich große Stücke der selben Form schneiden.

SCHNEIDETECHNIKEN

Im Folgenden sind die wichtigsten Schneidetechniken in der Küche mit ihren zugehörigen französischen Ausdrücken erklärt.

WIEGETECHNIK

Diese Technik ist für mich die beste Methode, mit einem Kochmesser zu schneiden. Sie besteht aus 4 Schritten:

1. Die Messerspitze am Brett ansetzen, der Rücken ist in der Luft.
2. Das Messer nach unten drücken und das Lebensmittel durchschneiden.
3. Das Messer nach vorne schieben.
4. Den Messerrücken nach oben ziehen und wieder von vorne beginnen.

Die zweite Hand soll mit den Handknöcheln an der Klinge anliegen und das Lebensmittel ins Messer einführen. Achtung, die Finger dabei immer von der Klinge wegstrecken.

Wer diese Technik kontinuierlich und bewusst einsetzt, wird schneller, gleichmäßiger, mit weniger Mühe und Kraftaufwand schneiden.

CHIFFONADE sind lange, hauchdünne Streifen von Blattgemüse oder großblättrigen Kräutern (Spinat, Basilikum, Salbei etc.). Die Blätter wie eine Zigarre einrollen und hauchdünn herunterschneiden ①+②.

JULIENNE sind dünne Streifen in Form von Zündhölzern, idealerweise mit einem Querschnitt von 3 mm x 3 mm und einer Länge von 5 cm. Um Julienne zu schneiden, wird zuerst das Gemüse vorgeschnitten. Die runden Ränder werden abgeschnitten, sodass ein Block mit quadratischem Querschnitt entsteht ③. Von diesem Block werden dünne „Bretter" abgeschnitten. Die Bretter werden dann zu dünnen Julienne geschnitten ④.

BRUNOISE sind kleine Würfel und eine Weiterverarbeitung von Julienne. Die Julienne einfach in kleine Würfel schneiden ⑤+⑥.

Wer beim **ZWIEBELSCHNEIDEN** zu Tränen gerührt ist, hat die Zwiebel meistens falsch geschnitten. Fürs Zwiebelschneiden ist ein großes, scharfes Chefmesser essentiell, kleine oder gezackte Messer sind dafür ungeeignet. Die Zwiebel als Erstes schälen ①+②.
Die Zwiebel halbieren, von Strunk zu Strunk. Eine Zwiebelhälfte auf das Brett legen, entlang der Linien einschneiden ③. Nicht bis zum Strunk durchschneiden, die Zwiebel soll nicht zerfallen. Danach die Zwiebel von unten nach oben einschneiden, ebenfalls nicht ganz durchschneiden ④. Jetzt die Zwiebel von außen nach innen zum Strunk schneiden ⑤+⑥. Je enger die Zwiebel eingeschnitten wird, desto feiner sind die Stücke.

Um Zwiebelringe zu schneiden, die Zwiebel an der dicksten Stelle durchschneiden. Die Zwiebel aufstellen und Scheiben schneiden. Aus den Scheiben die Zwiebelringe drücken.

KNOBLAUCH sollte nie in einer Knoblauchpresse gepresst werden, er schmeckt penetrant und in der Presse bleibt viel hängen. Eine bessere Methode ist es, den Knoblauch zu schälen ①, dann dünnblättrig ② oder zu dünnen Stiften schneiden ③.

GESCHÄLTE TOMATEN werden in der italienischen Küche häufig benötigt. Dafür den Strunk der Tomate als Erstes von oben kreisförmig herausschneiden ①. Auf der Tomatenunterseite ein kleines Kreuz einschneiden ②. Einen großen Topf mit Wasser zum Kochen bringen. Eine Schüssel mit kaltem Wasser und Eiswürfeln vorbereiten. Wenn das Wasser kocht, einige Tomaten in den Topf geben ③.

Darauf achten, dass sie locker im Wasser schwimmen. Nicht zu viele Tomaten gleichzeitig blanchieren. Die Tomaten kochen, bis sich die Haut zu lösen beginnt. Danach sofort ins Eiswasser geben ④ und auskühlen lassen. Wenn die Tomaten kalt sind, die Haut mit den Fingern oder einem Gemüsemesser abziehen.

TAGLIATELLE

PAPARDELLE

TRENETTE

FARFALLE

TROFIE

TORTELLINI

RADIATORI

RAVIOLI

KLEINES PASTA-ABC

WELCHE PASTA PASST ZU WELCHER SAUCE?

In Italien gibt es weit mehr als 500 unterschiedliche Pastasorten. Genau genommen so viele, wie es Klein- und Kleinstregionen in Italien gibt – sehr exotische Pastasorten findet man oft nur in einigen Dörfern.

Generell unterscheidet man zwischen frischer und getrockneter Pasta. Frische Pasta wird aus ganzen Eiern oder nur Eidottern, Weizenmehl oder Hartweizengrieß zubereitet. Frische Pasta ist die ideale Ergänzung zu allen cremigen Saucen, die auf Butter, Milch, Käse oder Schlagobers basieren: Gnocchi mit Butter, Pasta alle noci oder Gorgonzolasauce.

Getrocknete Pasta, die meistens nur aus Hartweizengrieß und Wasser besteht, liebt im Gegensatz zur frischen Pasta Saucen, die auf Olivenöl basieren, wie Pesto, Pasta al limone oder eine einfache Tomatensauce.

Da man sich so viele unterschiedliche Pastasorten schlecht merken kann, fassen wir die Nudelarten zu drei Groß-Gruppen zusammen: lange, kurze und gefüllte Pasta.

LANGE PASTA sind alle langen Nudeln in unterschiedlicher Breite: Spaghetti, Tagliatelle, Fettucini oder breite Papardelle. Papardelle und Tagliatelle sind ideal für Ragouts und andere schwere Fleischsaucen. Dünne Pasta wie Linguini oder Spaghetti sind ideal für Pestos oder Meeresfrüchte.

KURZE PASTASORTEN sind nur einige Zentimeter groß, rund, eckig oder in anderen Formen verfügbar. Beispiele dafür sind Penne, Orecchiette, Trofie, Farfalle und viele andere. Diese Art von Pasta fängt grobe Stücke von Saucen wie Ragout oder eine Sauce mit Gemüsestücken sehr gut auf.

GEFÜLLTE PASTA ist frischer Nudelteig gefüllt mit beliebigen Zutaten in unterschiedlichen Formen. Beispiele dafür sind Ravioli, Tortelloni, Cannelloni, Cappelletti und viele andere. Diese können sowohl mit leichten als auch mit schweren Zutaten gefüllt werden.

Generell gilt noch: Schwere Saucen harmonieren mit großen Pastasorten. Feine und zarte Saucen sollte man bevorzugt mit kleiner Pasta kombinieren.

WIE KOCHE ICH PASTA RICHTIG?

Nudeln kochen ist keine Kunst, wenn man folgenden einfachen Regeln folgt:

1. Große Töpfe verwenden, damit die Pasta frei schwimmen kann und nicht zusammenklebt.
2. Frisches Wasser aufkochen, bis es blubbert. Dann erst die Pasta ins Wasser werfen. Auf höchster Hitze weiterkochen.
3. Pastateig wird immer ohne Salz hergestellt. Deswegen eine gute Portion Salz ins kochende Wasser geben (für 100 g Nudeln 1 l Wasser, 10 g Salz sind etwas weniger als 1 Esslöffel).
4. Nach der empfohlenen Kochzeit laut Packungsangabe die Pasta kurz probieren, ob sie al dente (also bissfest und nicht schwammig weich) ist und auch salzig genug schmeckt. Ist dies der Fall, die Pasta abseihen. In eine Schüssel geben, die vorbereitete Sauce darübergeben und sofort servieren.

Frische Pasta benötigt nur wenige Minuten zum Kochen, da Eier schneller durch sind als Getreide.

MENGENANGABEN ZU PASTA

Damit beim Kochen keine Pasta übrig bleibt, sollte die Pasta richtig portioniert sein. Bei getrockneter Pasta sind das zirka 125 g, bei frischer Pasta nur 60 g pro Person.

PARMESAN UND PASTA

Echter Parmigiano Reggiano gilt als perfekter Begleiter für viele Pastagerichte. Aber: Nur weil wir Parmesan lieben, sollte er nicht wahllos über jede Speise gestreut werden.

In Italien wird Parmesan traditionell zu Saucen serviert, die auf Butter oder einem anderen Milchprodukt basieren. Saucen, die aus Olivenöl bestehen, sind meist subtiler und fruchtiger und würden vom Parmesan (in großen Mengen) dominiert werden. Ebenfalls tabu sind Parmesan und Fisch oder Meeresfrüchte.

Schon mal Pecorino probiert? Pecorino wird ähnlich wie Parmesan hergestellt, üblicherweise aus Schafsmilch. Pecorino ist etwas leichter und schärfer als Parmesan und bietet eine wunderbare Abwechslung zu unserem geliebten Parmigiano.

WIE KAUFE UND VERWENDE ICH PARMESAN?

Ich kaufe Parmesan immer als ganzes Stück mit Rinde. Nach Möglichkeit am Markt oder bei einem Käsehändler, dort fühle ich mich bestens beraten und bekomme die höchste Qualität. Wenn ich die Pasta serviere, reibe ich den Parmesan frisch darüber. Vorgeriebener Parmesan aus der Streudose ist praktisch und sauber, geschmacklich aber kein Vergleich zu frischem Parmesan.

Weil ich Parmesan immer griffbereit haben möchte, lagere ich ihn in der Küche unter einer Käseglocke. Diese Methode funktioniert, wenn Parmesan regelmäßig verzehrt wird und nicht länger als 2 bis 3 Wochen herumsteht.

Für Gelegenheits-Parmesan-Genießer empfehle ich die Lagerung im Kühlschrank. Das Käsestück soll in Papier eingeschlagen sein, damit es nicht schwitzt und keinen Schimmel bildet. Spezielle Käsedosen mit Löchern sind eine weitere Möglichkeit zur Lagerung.

WAS TRINKE ICH ZUM ITALIENISCHEN ESSEN?

Italien hat nicht nur eine ausgeprägte Esskultur, sondern pflegt auch eine ebenso ausgeprägte Trinkkultur. Die wichtigste Mahlzeit ist das Abendessen, welches mit dem Aperitivo eingeleitet wird.

Vor dem eigentlichen Abendessen genießen Italiener kleine Snacks und einen Aperitif, um den Appetit zu fördern und Lust auf das Essen zu machen. Der klassische Aperitivo-Drink besteht meist aus Campari, Vermouth, Prosecco, Aperol oder auch Gin. Beispiele für Aperitivo sind Spritz, Bellini, Martini, Campari Soda, Americano und Negroni.

Danach beginnt das Abendessen, mit einem passenden Wein zu jedem Gericht. Der perfekte Begleiter zu italienischem Essen ist ein italienischer Wein, aus derselben Region, aus der das Gericht stammt. Aber auch einheimische Weine sind wunderbare Begleiter für ein perfektes italienisches „cena".

Die folgenden Wein-Empfehlungen sind in den meisten Supermärkten erhältlich und beinhalten nicht nur italienische Weine.

Die generelle Regel, Weißwein zu hellem Fleisch, Rotwein zu dunklem Fleisch, ist in der heutigen Zeit nicht mehr ausnahmslos gültig. Auf jeden Fall sollten schwere Weine eher gegen Ende eines Menüs serviert werden.

Saure Zutaten wie Zitronen oder Tomaten harmonieren mit säurebetonten Weinen wie Riesling, Chianti oder Sauvignon Blanc.

Garnelen und andere Meeresfrüchte lieben als Begleiter frische und säuerlich-pikante Weißweine wie Riesling, Sauvignon Blanc, Chardonnay oder Pinot Grigio. Außerdem passen liebliche und weiche Rotweine wie Spätburgunder, Pinot Noir oder ein spanischer Rioja perfekt zu Meeresfrüchten.

Zu schweren Käsegerichten wie Gorgonzolasauce empfehle ich Portwein, Barolo, Merlot, Madeira oder trockenen Sherry, ebenfalls Süßweine. Leichte Käsegerichte mit Burrata oder Mozzarella harmonieren gut mit Champagner, Spumante, Prosecco, Sekt oder Rosé.

Zu Huhn und Kalb passen trockene Weißweine wie Grüner Veltliner, Gemischter Satz oder Riesling. Ebenfalls passend sind Rotweine wie Zweigelt, Blaufränkisch oder St. Laurent.

Pasta, Pizza und Lasagne lieben italienische Rotweine wie Chianti, Bardolino, Valpolicella oder einen schönen, leichten Rotwein aus Südtirol wie Vernatsch. Aber natürlich auch italienische Weißweine wie ein kräftiger Pinot Grigio oder ein Pinot Bianco.

Zu Süßspeisen und Desserts empfehle ich italienischen Vin Santo, spanischen Sherry, Süßweine oder Schaumweine wie Prosecco oder Champagner.

HINWEISE ZU DEN REZEPTEN

Alle Rezepte gelten für 4 Portionen, außer anders angegeben.

ARBEITSZEIT (AZ)

Die tatsächliche Arbeitszeit, in der du aktiv bist: schneiden, hacken, abwiegen, Gemüse waschen, Nudeln formen etc.

ZUBEREITUNGSZEIT (ZZ)

Die Zubereitungszeit ist die Arbeitszeit plus z.B. Kochzeit, Backzeit, das Ruhenlassen etc.

MENGENANGABEN

1 große Zwiebel | 150 g
STÜCKANGABE | GEWICHTSANGABE

Wenn ihr schnell etwas kochen möchtet, gerne auf euer Gefühl hört und nichts abwiegen wollt, verwendet einfach die Stückangabe.

Da aber jedes Stück Obst und Gemüse einzigartig ist und eine große Zwiebel kein exaktes Maß ist, im Zweifelsfall einfach die Gewichtsangabe verwenden.

Für alle Rezepte Weizenmehl Type 480 (Universalmehl) oder Type 405 (Deutschland) verwenden, außer anders angegeben.

Alle Salzmengenangaben beziehen sich auf die Verwendung von Fleur de Sel. Wer anderes Salz verwendet, bitte mit weniger Salz würzen, kosten und dann erst bei Bedarf nachsalzen.

Eine Prise ist nie ein exaktes Maß, sondern einfach die Menge, die sich zwischen Daumen und Zeigefinger fassen lässt.

1 Esslöffel (EL) entspricht zirka 3 Teelöffeln (TL). Da jeder Besteckhersteller etwas andere Löffelgrößen hat, ist auch das keine exakte Mengenangabe. Die Löffelangaben beziehen sich auf einen gestrichenen, nicht gehäuften Löffel.

Chilis sind unterschiedlich scharf, daher vorsichtig dosieren.

GRUND REZEPTE

Frische Pasta, köstliche Gnocchi, aromatische Tomatensauce und vieles mehr sind die grundlegenden Bausteine zahlreicher Rezepte.

FRISCHE PASTA

Pasta besteht im einfachsten Fall aus nur zwei Zutaten: Mehl und Ei. Pasta kann mit einer Vielzahl an Mehltypen hergestellt werden, klassischerweise Weizenmehl oder Hartweizengrieß.

Generell gilt: Ein exaktes Rezept für Pasta gibt es nicht. Raumtemperatur, Größe der Eier, Luftfeuchtigkeit und wie viel Feuchtigkeit das Mehl aufnimmt bestimmen die Textur des Pastateiges. Was jedoch immer gilt: Ein guter Pastateig soll glatt und elastisch sein. Salz findet im Teig keinen Platz, da der Pastateig beim Formen brüchig würde.

Für Pastateig können ganze Eier oder nur Eidotter verwendet werden. Ganze Eier sind wirtschaftlicher, nur Eidotter im Teig sorgen für einen noch besseren Geschmack und eine gelbere Farbe.

Meistens wird Pasta in Italien aus sehr feinem Weizenmehl zubereitet. Italiener nehmen Type 00, in Österreich kann Type 480 und in Deutschland Type 405 verwendet werden. Pastazubereitung ist auch mit Vollkornmehl oder anderen Getreidesorten wie Dinkel, Kamut oder Roggen möglich.

Eine weitere Pastazubereitungsmöglichkeit ist die mit „Semola“ (in unseren Supermärkten als Nudelgrieß oder Hartweizengrieß erhältlich). Anders als normaler Grieß ist Semola gelb und besteht aus einer anderen Weizensorte als herkömmlicher Grieß. Pasta mit Weizenmehl wird feiner und der Teig ist einfacher zum Kneten. Pasta mit Semola ist gelber, hat eine rauere Textur, die Saucen besser aufnimmt, aber ist auch mühsamer zum Kneten. Experimentierfreudige können beliebig Mehl und Hartweizengrieß mischen.

BUNTE PASTA

Durch Zugabe von färbenden Lebensmitteln wird die Pastazubereitung zum bunten Vergnügen. Dafür frisches Gemüse in Salzwasser kochen. Danach ausdrücken, mit einem Stabmixer pürieren und in den Nudelteig einarbeiten. Zusätzlich die Eier oder Flüssigkeitsmenge reduzieren (1 Ei oder 3 Dotter weglassen).

AZ: 30 MIN | ZZ: 1 H 30 MIN

GRUNDREZEPT PASTATEIG

für 400 g Pastateig

SCHRITT 1

Mehl wählen:

250 g Weizenmehl
Österreich: Type 480
Italien: Type 00
Deutschland: Type 405

250 g Hartweizengrieß

oder eine Mischung aus beiden

SCHRITT 2

Flüssigkeit wählen:

2 Eier + 1 Eidotter

8 Eidotter + 2 EL Milch

125 ml Wasser

SCHRITT 3 (OPTIONAL)

Farbe dazumischen:

75 g Tomatenmark

75 g Rote Rüben, gekocht und püriert

75 g Spinat, gekocht und püriert

75 g Sepia-Tinte vom Tintenfisch

75 g Karotten, geschält, gekocht und püriert

TEIG KNETEN

Mehl auf die Arbeitsfläche (idealerweise ein großes Nudelbrett aus Holz) geben, mit dem Mehl eine Mulde bilden und die Flüssigkeit in die Mitte geben. Von außen beginnend einen kompakten Teig kneten (es kann auch eine Küchenmaschine verwendet werden). Den Teig mindestens 10 Minuten kneten, damit sich die Eier und das Gluten im Mehl miteinander verbinden und der Teig elastisch wird. Anschließend zu einer Kugel formen, mit Frischhaltefolie einwickeln und für mindestens 1 Stunde im Kühlschrank ruhen lassen.

TEIG AUSROLLEN

Den Teig mit der Hand flachdrücken, mit dem Nudelholz gleichmäßig sehr dünn (zirka 1–2 mm dick) ausrollen ①. Dabei das Nudelholz in alle Richtungen führen: von links nach rechts, von oben nach unten und diagonal. Damit der Teig nicht am Nudelholz kleben bleibt, den Teig mit Mehl bestäuben. Für leichteres Arbeiten ein Nudelholz aus Stein verwenden. Ein gut ausgerollter Teig ist so dünn, dass die Finger durchscheinen.

Alternativ eine Nudelmaschine verwenden: Den Teig in dünne Stücke teilen, die höchstmögliche Dicke einstellen und den Teig langsam durchdrehen. Die Dicke reduzieren und nochmals durchdrehen. Den Teig 3–4 Mal durch die Nudelmaschine drehen, bis die dünnste Stufe erreicht ist.

TEIG SCHNEIDEN UND FORMEN

Den dünnen Teig mit der Hand wie eine Roulade aufrollen ②. Vorher mit etwas Mehl bestäuben. Mit einem scharfen Messer die Nudeln in die gewünschte Breite schneiden ③. Nach dem Schneiden auseinanderziehen und trocknen lassen ④. Mit einer Nudelmaschine den glatten Nudelteig durch die entsprechenden Walzen drehen. Für jede Pastabreite gibt es eine eigene Walze.

LANGE PASTA

Pappardelle 3 cm

Tagliatelle und **Fettuccine** 1 cm

Spaghetti 1–2 mm

KURZE PASTA

Orecchiette: [→ Bilder siehe S. 39]

Nudelteig nicht ausrollen, sondern kleine, 1 cm große Kugeln formen, mit dem Daumen zu Schalen drücken

Farfalle: [→ Bilder siehe S. 40]

Teig mit einem Zackenrad in 6 x 3 cm große Streifen schneiden, in der Mitte mit den Fingern zusammendrücken

Lasagne: [→ Bilder siehe S. 40]

dünnen Nudelteig in Rechtecke schneiden

Cannelloni: [→ Bilder siehe S. 40]

frischen Nudelteig in Rechtecke schneiden, füllen, direkt in der Ofenform einrollen

Lange Nudeln

1

2

Trofie

1

2

Farfalle
Lasagneblätter
Cannelloni

THE ORIGINAL
MADE IN ITALY
MARCATO
ATLAS 150
WELLNESS

TIPPS

Frische Gnocchi sollten schnell konsumiert werden, da sie im Kühlschrank nach 1 bis 2 Tagen braun werden.

Damit sich der Aufwand lohnt, mache ich immer eine größere Menge Gnocchi und friere sie ein. Nach dem Formen die Gnocchi mit Mehl bestreuen und einzeln auf ein Blech oder Ähnliches geben, welches in den Gefrierschrank passt.

Für mehrere Stunden einfrieren, bis die Gnocchi hart sind. Danach können sie in ein platzsparendes Sackerl umgefüllt werden.

AZ: 15 MIN | ZZ: 45 MIN

GNOCCHI

Basis für viele italienische Gerichte

ZUTATEN

500 g mehlige Kartoffeln
3 Zweige Thymian
1 Knoblauchzehe mit Schale

100 g Weizenmehl
1 kleines Ei
1 Prise Muskatnuss
1 1/2 TL Fleur de Sel

ZUBEREITUNG

Kartoffeln mit Schale, Thymian und Knoblauchzehe in einen Topf mit kaltem Wasser geben und zum Kochen bringen. Kartoffeln je nach Größe 20 bis 30 Minuten sehr weich kochen. Zum Überprüfen, ob die Kartoffeln gar sind, mit einer Gabel anstechen. Wenn sie sich leicht lösen, sind sie durch.

In der Zwischenzeit eine Schüssel vorbereiten. Mehl, Ei, Muskatnuss und Salz in die Schüssel geben. Kartoffelpresse bereitstellen.

Wenn die Kartoffeln durch sind, mit kaltem Wasser kurz abschrecken und mit einem Messer schälen ①. Kochwasser, Knoblauchzehe und Thymian weggeben.

Kartoffeln durch die Kartoffelpresse drücken ②. Mit den restlichen Zutaten zu einem Teig verarbeiten. Teig abschmecken und zu einer langen Rolle formen. In kleine, 1 cm große Stücke schneiden ③. Zu Kugeln formen ④.

Drei Methoden, um Gnocchi zu formen

- Die Kugeln sanft über ein Gnocchibrett rollen ⑤.
- Mit einer Gabel von oben leicht auf die Kugeln drücken ⑥.
- Die Kugeln auf eine Tischkante legen, mit einer Gabel über die Kante rollen, danach die unteren Enden zusammendrücken ⑦.

Gnocchi kochen

Einen Topf mit Wasser zum Kochen bringen. Wasser salzen. Gnocchi im sprudelnd kochenden Wasser für 1 bis 2 Minuten kochen, bis sie an der Oberfläche schwimmen.

Gnocchi abseihen. In eine Schüssel geben und sofort mit Sauce übergießen.

ZZ: 10 MIN

PESTO

Pesto alla genovese & Pesto rosso

ZUTATEN

PESTO ALLA GENOVESE

Für 1 Glas à 200 g

1 Topf Basilikum | 30 g
1/2 geschälte Knoblauchzehe
15 g Pinienkerne
20 g Pecorino
50 g Parmesan
100 ml Olivenöl
1 Prise Fleur de Sel
schwarzer Pfeffer

PESTO ROSSO

Für 2 Gläser à 200 g

1/2 Topf Basilikum | 15 g
100 g getrocknete Tomaten
50 g Parmesan
1 geschälte Knoblauchzehe
50 g geschälte Mandeln
1 frischer Chili
150 ml Olivenöl
1 Prise Fleur de Sel
schwarzer Pfeffer

ZUBEREITUNG

Die Basilikumblätter abzupfen und die Stängel weggeben.

Alle Zutaten fein hacken, den Käse reiben. Zuerst die trockenen Zutaten (Pinienkerne, Nüsse und Käse) zu einer feinen Paste verarbeiten, danach die restlichen Zutaten dazugeben. Olivenöl als Letztes beifügen. Pesto mit Salz und Pfeffer abschmecken.

TIPPS

Das Pesto kann im Mörser oder mit dem Stabmixer zubereitet werden.

Für ein volleres Aroma zu jedem Pesto eine Sardelle geben.

Pesto alla genovese schmeckt am besten frisch. Es ist nur einige Tage haltbar, daher schnell verbrauchen. Beim Lagern im Kühlschrank das Pesto immer mit Olivenöl bedecken.

Pesto alla genovese ist für mich eine Frühlings- und Sommerspeise, da frisches, vollreifes Basilikum für das Pesto besonders wichtig ist. Obwohl es frisches Basilikum auch im Winter gibt, ist der Geschmack nicht vergleichbar.

Pesto harmoniert sehr gut mit Gnocchi [→ Seite 43], Trofie oder Linguini.

Damit Pesto alla genovese seine Farbe behält, etwas frischen Zitronensaft dazugeben.

Pesto rosso (im Bild oben)
Pesto alla genovese (im Bild unten)

Gekochte Tomatensauce

AZ: 15 MIN | ZZ: 2 H 15 MIN

SALSA DI POMODORO

Gekochte Tomatensauce

ZUTATEN

Für 1 l Tomatensauce

1 Knoblauchzehe mit Schale
1 kleine Schalotte | 15 g
1 EL frische Petersilie
1 kg geschälte Tomaten
50 ml Olivenöl
1 Prise Kristallzucker
1 Prise schwarzer Pfeffer
1 1/2 TL Fleur de Sel

ZUBEREITUNG

Die Knoblauchzehe mit einer Messerspitze mehrmals anstechen. Schalotte und Petersilie fein hacken. Geschälte Tomaten in grobe Stücke schneiden.

In einem Topf Olivenöl erhitzen, Schalotte und Petersilie mit der Knoblauchzehe glasig dünsten. Geschälte Tomaten dazugeben. Mit Zucker, Pfeffer und Salz würzen. Den Topf halb bedecken, Sauce auf kleiner Flamme kochen, sie soll nur leicht blubbern. Sauce so lange kochen, bis alle Flüssigkeit verdampft ist und eine dicke Sauce übrig bleibt. Abhängig von den Tomaten kocht die Sauce zirka 1–2,5 Stunden.

TIPPS

Für die Sauce können geschälte Tomaten aus der Dose oder frische geschälte Tomaten verwendet werden. Natürlich schmeckt die Sauce besser mit vollreifen Tomaten.

Im Sommer verwende ich am liebsten Flaschentomaten, alternativ nehme ich Fleischtomaten oder Rispentomaten.

AZ: 20 MIN | ZZ: 2 H 30 MIN

RAGÙ ALLA BOLOGNESE

Sauce Bolognese

ZUTATEN

Für 2 l Ragù

2 Stk. Stangensellerie | 100 g
2 große Karotten | 150 g
1 große Zwiebel | 150 g
1/2 Bund Petersilie | 25 g
3 Knoblauchzehen
50 ml Olivenöl
60 g Butter
1 Prise Fleur de Sel

150 g Speck
3 Zweige Thymian
350 g Rindsfaschiertes
150 g Kalbsfaschiertes
1 Prise Fleur de Sel
1/8 l Rotwein

700 ml Tomatenpassata
3 Lorbeerblätter
1 EL Zucker
1 TL Fleur de Sel
150 ml Vollmilch
schwarzer Pfeffer

ZUBEREITUNG

In einem Schmortopf fein gehackten Sellerie, Karotten, Zwiebel, Petersilie und gehackte Knoblauchzehen in Öl und Butter braten, ohne stark zu bräunen. Gemüse leicht salzen.

In einer separaten Pfanne Olivenöl erhitzen und fein gehackten Speck mit Thymian darin anbraten, bis er leicht gebräunt ist. Danach Faschiertes dazugeben und braten, bis es leicht gebräunt ist. Faschiertes salzen. Mit Rotwein ablöschen und Wein verkochen lassen.

Fleisch und Speck zum Gemüse geben. Tomatenpassata, Lorbeerblätter, Zucker und Salz dazugeben, gut umrühren und einmal aufkochen lassen. Abschmecken und nach Bedarf nachsalzen. Die Sauce auf kleiner Flamme mit Deckel für 90 Minuten kochen, sie soll nur leicht blubbern. Danach die Sauce ohne Deckel fertigkochen, bis überschüssige Flüssigkeit verdampft ist.

Zum Schluss Milch in einem Topf erwärmen und in die Sauce einrühren. Lorbeerblätter und Thymianzweige entfernen. Pfeffern. Abschmecken und nach Bedarf noch Zucker und Salz dazugeben.

TIPPS

Am besten eine große Menge Ragù kochen.

Ich friere mein Ragù immer ein, so habe ich jederzeit eine schnelle Mahlzeit oder die Grundlage für Lasagne auf Vorrat.

Im Sommer verwende ich weniger Passata. Stattdessen hacke ich frische Tomaten und gebe sie zur Passata zum Mitkochen.

ZZ: 10 MIN

BÉCHAMELSAUCE

ZUTATEN

Für 1 l Béchamelsauce

100 g Butter
100 g Weizenmehl
1 l Vollmilch
2 TL Fleur de Sel
1/2 TL Muskatnuss

ZUBEREITUNG

In einem Topf die Butter schmelzen. Weizenmehl hinzufügen und auf mittlerer Flamme weiterkochen. Die Mehl-Butter-Mischung nicht bräunen.

Langsam, nach und nach, Milch zur Mehl-Butter-Mischung gießen und mit einem Schneebesen gut verrühren.

Wenn die ganze Milch in der Sauce ist, weiterrühren und so lange kochen, bis die Sauce eingedickt ist. Sollte die Sauce zu dick sein, etwas Milch nachgießen. Ständiges Rühren verhindert Anbrennen. Salzen und mit frisch geriebener Muskatnuss würzen.

Suppe in Gefrierbeutel füllen

AZ: 10 MIN | ZZ: 2–9 H

HÜHNERSUPPE

ZUTATEN

Für 5 l Hühnersuppe

2 Suppenhühner oder 2,5 kg Hühnerklein (Flügerl oder Keulen)

2 kleine Karotten | 75 g

1 kleine Zwiebel | 50 g

1/2 Stange Lauch | 40 g

6 l Wasser

1 Knoblauchzehe mit Schale

1 Lorbeerblatt

3 Zweige Thymian

2 Stiele Petersilie

20 g grobes Meersalz

12 schwarze Pfefferkörner

ZUBEREITUNG

Wenn ganze Hühner verwendet werden, diese grob zerteilen. Zum Zerteilen eine Schere oder ein Messer verwenden. Innereien herausnehmen. Von allen Fleischstücken große Fettablagerungen (gelb-weißliche Klümpchen) entfernen, unter fließend kaltem Wasser verbliebenes Blut abwaschen.

Karotten und Zwiebel schälen und halbieren.

Hühnerfleisch in einen großen Suppentopf geben und mit kaltem Wasser füllen. Zum Kochen bringen. Wenn das Wasser kocht, den weißen Schaum mit einem Löffel, Abseiher, Schöpfer oder einer Schaumkelle entfernen. Restliche Zutaten hinzugeben und Hitze um mindestens die Hälfte reduzieren. Die Suppe darf nur ganz leicht blubbern. Die Suppe für mindestens 2 Stunden zugedeckt köcheln lassen. Suppe sofort nach dem Kochen abseihen, gekochtes Fleisch und Gemüse weggeben. Suppe kalt stellen.

TIPPS

Ich verwende Suppe zum Kochen von Gemüse und Saucen, zum Ablöschen von Fleisch und für Risottos. Ich empfehle, die Suppenhühner am Markt oder direkt beim Fleischhauer zu kaufen. Suppenhühner sind günstiger als Brathühner und eignen sich auch besser zum Kochen von Suppe, weil sie magerer sind und weniger Fleisch haben (der Hauptgeschmack kommt ja von den Knochen).

Ich persönlich koche Hühnersuppe für 9 Stunden bei 90 °C (Thermometer verwenden). Durch die lange Kochzeit und die konstante Temperatur absorbiert das Wasser den gesamten Geschmack des Huhns. Die Suppe schmeckt besonders fein und raffiniert und hat eine klare Farbe wie Weißwein.

Damit ich Suppe jederzeit zur Verfügung habe, friere ich die kalte Suppe nach dem Kochen portionsweise in Gefrierbeuteln ein.

AZ: 5 MIN | ZZ: 1 H 5 MIN

GEMÜSESUPPE

ZUTATEN

Für 2 l Gemüsesuppe

1 große Karotte | 150 g
1/2 Zwiebel | 50 g
1/2 Stange Lauch | 50 g
1 Stk. Stangensellerie | 50 g
2 EL grobes Meersalz | 20 g
1 Lorbeerblatt
2 Zweige Thymian
1 Zweig Petersilie
1 Knoblauchzehe mit Schale
6 schwarze Pfefferkörner

2 l Wasser

ZUBEREITUNG

Karotte und Zwiebel schälen und halbieren. Alle Zutaten in einen Topf geben und zum Kochen bringen. Wenn die Suppe kocht, Hitze reduzieren und auf mittlerer Hitze für 1 Stunde kochen. Suppe abseihen und kalt stellen.

TIPPS

Für Gemüsesuppe können beliebige Gemüsesorten verwendet werden (Spargel, Karfiol, Rote Rüben, Brokkoli etc.). Es können auch Gemüsereste, die beim Kochen übrig bleiben, in den Suppentopf: Schalen, Wegschnitt etc. Der Geschmack wird durch Schalen voller, die Farbe jedoch leicht eingetrübt.

Die Gemüsesuppe kann mit beliebigen Kräutern (Basilikum, Oregano, Koriander, Liebstöckel etc.) und Gewürzen (Sternanis, Muskat, Wacholder etc.) verfeinert werden.

Kalte Gemüsesuppe lässt sich gut in Gefrierbeuteln einfrieren.

AZ: 15 MIN | ZZ: 15 MIN BIS 5 H

PIZZATEIG

ZUTATEN

Für 3–4 runde Pizze

300 g lauwarmes Wasser
500 g Weizenmehl
25 g frische Germ
1 Prise Zucker
1 TL Fleur de Sel

ZUBEREITUNG

Wasser und Mehl in einer Schüssel verrühren. Germ, Zucker und Salz zum Teig geben und für 10 Minuten mit der Hand oder in der Küchenmaschine kneten ①. Den Teig in eine Schüssel geben ②, mit Frischhaltefolie zudecken und für 1–2 Stunden gehen lassen ③.

Teig in 3 oder 4 Teile portionieren ④, zu runden Kugeln formen ⑤, mit einem Geschirrtuch zudecken ⑥ und für 45 Minuten aufgehen lassen ⑦. Den aufgegangenen Pizzateig mit der Hand auseinanderziehen oder mit einem Nudelholz dünn ausrollen ⑧–⑫. Pizza nach Belieben belegen und backen ⑬–⑮.

[→ weitere Schritte siehe nächste Seite]

TIPPS

Mehl

Pizzateig gelingt am besten mit italienischem Mehl Type 00. Natürlich kann Pizza auch mit einheimischem Mehl gebacken werden: in Österreich Mehl Type 480 oder in Deutschland Type 405.

Teigreifung

Je länger ein Teig reift, desto besser der Geschmack der Pizza. Nach dem Teigkneten eine Schüssel mit Olivenöl beträufeln, den Teig in die Schüssel geben, mit Frischhaltefolie bedecken und bei Raumtemperatur einige Stunden rasten lassen. Dazwischen 1–2 Mal durchkneten und wieder abdecken.

Backen

Pizza schmeckt am besten, wenn sie im Holzofen gebacken wird.

Neben dem Holzofen gibt es vier andere Möglichkeiten, um eine perfekte Pizza zu backen.

Für alle Varianten gilt: vorheizen und immer bei höchster Temperatur backen. Nur hohe Temperatur macht Pizza besonders knusprig.

8
9
10
11
12
13
14
15

1. Backofen

Backen mit Heißluft: Backofen auf 250 °C Heißluft vorheizen. Pizza je nach Größe 8–15 Minuten backen, bis die Ränder gebräunt sind und der Käse geschmolzen ist.
Backen mit Ober- und Unterhitze: Ofen auf 250 °C mind. 30 Minuten vorheizen. Pizza in die unterste Schiene geben und 10–20 Minuten backen, bis die Ränder gebräunt sind und der Käse geschmolzen ist. Wer die Oberseite mehr bräunen möchte, in eine obere Schiene schieben.

2. Grill

Beim Grillen den Deckel schließen, bei offenen Grills die Pizza mit Alufolie zudecken. Zum Backen auf dem Grill ein feuerfestes Blech verwenden.

3. Pizzastein

Pizzasteine sind optional für Backöfen und Grills erhältlich.
Vor dem Backen den Pizzastein 30 Minuten bei höchster Temperatur im Ofen oder am geschlossenen Grill aufheizen. Eine Pizzaschaufel oder ein dünnes Holzbrett mit sehr viel Mehl bestreuen, den ausgerollten Pizzateig darauflegen, den Pizzateig belegen und sofort auf den heißen Stein schieben.

4. Pizzaofen

Das sind kleine, meist runde Backöfen mit integriertem Pizzastein. Sie backen Pizza in nur wenigen Minuten und sind ideal für ambitionierte Pizzabäcker.

PRAT
2001
RUM
GIN
VALDO
MILANO

Mmh

APERITIVO

Lebensgefühl pur – beim italienischen Aperitivo wird der Aperitif gemeinsam mit kleinen, selbst gemachten Snacks genossen. Das macht Appetit auf mehr!

Zitroniger Champagner-Cocktail
Drink aus Pfirsich und Schaumwein

AZ: 10 MIN | ZZ: 3 H

JULIANO SPRITZ

Zitroniger Champagner-Cocktail

ZUTATEN

Für 1 Glas Juliano Spritz

ZITRONENSIRUP

Schale von 1 Zitrone

1 Vanilleschote

100 ml frischer Zitronensaft

100 g Kristallzucker

JULIANO SPRITZ

1 EL Zitronensirup

1 EL frischer Zitronensaft

100 ml Champagner oder Prosecco

ZUBEREITUNG

Zitrone mit einem Kartoffelschäler abschälen. Vanilleschote auskratzen. Ausgekratzte Vanilleschote, Vanillemark, Zitronensaft und -schale sowie Kristallzucker in einen Topf geben und aufkochen lassen. Den Sirup für einige Minuten köcheln lassen. Danach umfüllen und im Kühlschrank kühlen.

Kalten Sirup mit Zitronensaft vermischen, in ein Glas geben und mit eiskaltem Champagner aufgießen.

AZ: 5 MIN

BELLINI

Drink aus Pfirsich und Schaumwein

ZUTATEN

Für 1 Glas Bellini

40 ml Pfirsichmark

100 ml Champagner oder Prosecco

ZUBEREITUNG

Fertiges Pfirsichmark oder Pfirsichnektar verwenden. Oder frische Pfirsiche kurz blanchieren, schälen, entkernen und mit einem Stabmixer pürieren. Mit eiskaltem Champagner oder Prosecco aufgießen.

AZ: 5 MIN

NEGRONI ORANGE

ZUTATEN

Für 1 Glas Negroni Orange

20 ml Gin
20 ml Aperol
20 ml Cointreau
20 ml Vermouth Rosso
1 Orangenscheibe
einige Eiswürfel

ZUBEREITUNG

Ein Tumbler-Glas vorbereiten. Eiswürfel hineingeben. Gin, Aperol, Cointreau und Vermouth Rosso hinzufügen und umrühren. Mit einer Orangenscheibe servieren.

AZ: 5 MIN

GIN MARTINI

ZUTATEN

Für 1 Glas Gin Martini

10 ml Vermouth
50 ml Gin
2 grüne Oliven
1 Spieß
einige Eiswürfel

ZUBEREITUNG

Eiswürfel in ein Martiniglas oder ein bauchiges Weinglas geben. Das Glas zum Vorkühlen stehen lassen.

In einen Cocktailshaker Eiswürfel, Vermouth und Gin geben, kurz schütteln oder rühren. Eiswürfel aus dem vorgekühlten Glas entfernen. Den gemixten Cocktail durch das Sieb ins Glas gießen. Oliven auf einen Spieß stecken und ins Glas geben.

TIPPS

Wer den Gin Martini weniger trocken möchte, gibt die doppelte Menge Vermouth in den Cocktail.

AZ: 5 MIN

AMERICANO

ZUTATEN

Für 1 Glas Americano

30 ml Campari
30 ml Soda
30 ml Vermouth Rosso
1 Orangenscheibe
einige Eiswürfel

ZUBEREITUNG

Ein Tumbler-Glas vorbereiten. Eiswürfel hineingeben. Campari, Soda und Vermouth Rosso hinzufügen und umrühren. Mit einer Orangenscheibe servieren.

AZ: 15 MIN | ZZ: 1 H 15 MIN

GRISSINI

Knusprige Brotstangen

ZUTATEN

Für 20 dünne oder 10 dicke Grissini

250 ml Wasser
30 g frische Germ
350 g Weizenmehl
100 g Hartweizengrieß
4 EL Olivenöl
2 TL Fleur de Sel
1 TL Kristallzucker

50 g Sesam zum Bestreuen

ZUBEREITUNG

Alle Zutaten zu einem Teig verarbeiten und für mehrere Minuten kneten. Teig abschmecken und nach Bedarf nachsalzen. Den Teig nach Belieben in 10 oder 20 Stücke teilen. Aus den Teigstücken 10 dicke oder 20 dünne Grissini rollen, diese sollten 15–20 cm lang sein. Ein Backpapier auf ein Backblech geben. Die Grissini mit mind. 3 cm Abstand zueinander auflegen.

Grissini für 45 Minuten bei Raumtemperatur aufgehen lassen. Backofen auf 220 °C Heißluft vorheizen. Ein leeres Backblech in die untere Schiene einschieben, um später Wasserdampf zu erzeugen.

Wenn die Grissini aufgegangen sind, mit etwas Wasser bestreichen und mit Sesam bestreuen. In den mittleren Einschub des Backofens geben. Ein Glas mit kaltem Wasser auf das untere heiße Blech schütten und Backofen sofort schließen. Zirka 10–15 Minuten backen, bis die Grissini goldbraun sind. Nach 10 Minuten Backofen öffnen und Dampf herauslassen. Vorsicht vor dem heißen Dampf! Danach fertigbacken.

Fertige Grissini aus dem Ofen und vom heißen Blech nehmen. Wenn sie kalt sind, in einer luftdichten Dose lagern.

TIPPS

Der volle Geschmack der Grissini entfaltet sich erst nach einigen Tagen.

Statt mit Sesam können die Grissini auch mit Hagelsalz, Pinienkernen, Mandelsplittern, geriebenem Parmesan oder Mohn bestreut werden.

AZ: 30 MIN | ZZ ohne Sauerteig: 4 H | ZZ mit Sauerteig: 4 TAGE

PANE PUGLIESE IM TOPF

Apulisches Weißbrot

ZUTATEN

Für zirka 1 kg Brot

BROTTEIG

700 g Weizenmehl T 550 oder T 700

250 ml Wasser

150 g Sauerteig

15 g Fleur de Sel

20 g frische Germ

1 TL Kristallzucker

SAUERTEIG (für Brotteig)

100 g Weizenmehl T 550 oder T 700

100 ml Wasser

ZUBEREITUNG

SAUERTEIG:

Sauerteig benötigt 4 Tage, bevor er verwendbar ist.

1. Tag: In einer Schüssel 25 g Mehl und 25 ml Wasser miteinander vermischen. Bei Raumtemperatur stehen lassen.

2. Tag: 25 g Mehl und 25 ml Wasser dazumengen, wieder stehen lassen.

3. Tag: 50 g Mehl und 50 ml Wasser dazugeben und einen weiteren Tag stehen lassen.

4. Tag: Der Sauerteig ist fertig. Der übrig bleibende Sauerteig kann für das nächste Brot verwendet werden. Im Kühlschrank hält sich Sauerteig bis zu 2 Wochen.

BROTTEIG:

Alle Zutaten vermischen und mindestens 10 Minuten kneten ①, mit der Hand oder mit einer Küchenmaschine. Teig abschmecken und eventuell nachsalzen. Wenn der Teig zu flüssig ist, mehr Mehl unterheben. Wenn er zu fest ist, mehr Wasser einarbeiten.

Teig in eine Schüssel geben, mit Folie bedecken und 3 Stunden aufgehen lassen ②. Den Teig dazwischen mehrmals kneten.

[→ weiter geht's auf der nächsten Seite]

BROT BACKEN:

Einen gusseisernen Topf mit Deckel in den Backofen stellen und 30 Minuten bei 250 °C Heißluft vorheizen. Aus dem Brotteig einen Laib in der Größe des Topfes formen ③ und aufgehen lassen, während der Topf noch vorheizt.

Heißen Topf aus dem Ofen nehmen, den Topfboden mit reichlich Mehl bestreuen ④, den Teig in den Topf geben ⑤, mit einem scharfen Messer das Brot auf der Oberseite mehrmals einschneiden ⑥. Deckel draufgeben.

Das Brot in den Ofen geben und 20 Minuten backen. Danach die Temperatur auf 220 °C reduzieren. Nach weiteren 20 Minuten den Topf aus dem Ofen nehmen. Brot vorsichtig aus dem heißen Topf nehmen ⑦+⑧ und 20–30 Minuten ohne Topf weiterbacken. Wenn das Brot zu schnell dunkel wird, die Oberseite mit Alufolie bedecken und weiterbacken.

Aus dem Ofen nehmen. Um zu testen, ob das Brot fertig gebacken ist, auf der Unterseite anklopfen. Wenn es hohl klingt, ist es fertig.

Brot auskühlen lassen. Das Brot ist jetzt erst schneidfähig.

TIPPS

Sauerteig gibt dem Brot viel mehr Geschmack.

Statt selbst gemachtem Sauerteig kann auch getrockneter oder flüssiger Sauerteig gekauft werden.

Sauerteig kann aber auch weggelassen und durch dieselbe Menge Wasser ersetzt werden.

Für ein geschmackvolleres Brot den Brotteig bis zu 24 Stunden bei Raumtemperatur gehen lassen.

Die dicke Kruste ist vom Anbacken bei 250 °C abhängig. Wer gerne eine sehr knusprige Kruste hat, kann das Brot bis zu 30–40 Minuten anbacken. Für Brote mit weniger Kruste das Brot nicht mehr als 15 Minuten anbacken.

Statt eines gusseisernen Topfs kann auch ein günstigerer Römertopf zum Backen verwendet werden.

1

2

3

4

5

6

7

8

AZ: 15 MIN | ZZ: 35 MIN

TORTA SALATA

Italienische Quiche

ZUTATEN

TORTENBODEN

12 Scheiben Toastbrot
2 EL Olivenöl

GEMÜSE

1 kleine Zucchini | 125 g
1 kleine Paprika | 200 g
30 g Speck
50 g schwarze Oliven
3 Zweige Thymian
1 Knoblauchzehe mit Schale
1 Prise Zucker
1 Prise Fleur de Sel

EI-FÜLLUNG

500 ml Vollmilch
5 Eier
50 g Pecorino
1 kleine Chili
1 EL Petersilie
2 TL Fleur de Sel
1 Prise schwarzer Pfeffer
1 Prise Muskatnuss

ZUM SERVIEREN

2 EL frische Petersilie
50 g Pecorino

ZUBEREITUNG

Backofen auf 200 °C Heißluft vorheizen. Eine rechteckige Ofenform vorbereiten (zirka 20 x 20 cm). Die Rinde vom Toastbroat entfernen. 6 Toastbrotscheiben vierteln. Zusammen mit den 6 ganzen Toastbrotscheiben im Backofen bei 200 °C Heißluft zirka 5 Minuten bräunen.

Bodendeckend auf der Tortenform die ganzen Toastbrotscheiben eng aneinanderliegend verteilen. Mit den Viertelstücken einen Rand formen. Die Toastbrotscheiben mit Olivenöl beträufeln.

Zucchini in dünne Scheiben schneiden und etwas zuckern. Paprika in dünne Streifen schneiden. Speck fein würfelig schneiden. Oliven entkernen und halbieren. Speck, Paprika und Zucchini nicht vermischen. Alles separat hintereinander in einer Pfanne mit Olivenöl, Thymian und Knoblauchzehe anbraten. Salzen.

Für die Ei-Füllung Milch erhitzen, aber nicht aufkochen. Eier, Pecorino, fein gehackten Chili und Petersilie dazugeben. Mit dem Schneebesen verrühren. Bei mittlerer Hitze kochen, bis die Masse leicht zu stocken beginnt. Mit Salz, Pfeffer und Muskatnuss würzen.

Die Hälfte der Ei-Füllung auf den Tortenboden gießen. Eine Hälfte der Form mit Speck-Zucchini, die andere Hälfte mit Oliven-Paprika bestreuen, nicht alles Gemüse verwenden. Die restliche Ei-Füllung auf das Gemüse gießen. Das restliche Gemüse auf der Füllung verteilen.

Bei 180 °C Heißluft 20 Minuten backen, bis die Ei-Füllung stockt und leicht gebräunt ist. Fein gehackte Petersilie und Pecorino darüberstreuen. Heiß servieren.

Italienische Quiche

Italienischer Brotsalat

AZ: 5 MIN | ZZ: 15 MIN

PANZANELLA

Italienischer Brotsalat

ZUTATEN

300 g Weißbrot
1 rote Paprika | 150 g
250 g Tomaten
1 kleine Salatgurke | 200 g
$^1/_2$ Stangensellerie | 25 g
1 kleiner Chili
50 g schwarze Oliven
100 g Parmesan
etwas frisches Basilikum
etwas Zitronenzeste

DRESSING

2 Zitronen
100 ml Weißweinessig
150 ml Olivenöl
50 g Honig
1 TL Fleur de Sel
1 Prise schwarzer Pfeffer

ZUBEREITUNG

Backofen auf 200 °C Heißluft vorheizen. Brot in 3 x 3 cm große Würfel schneiden, auf ein Backblech geben und 5–10 Minuten backen, bis das Brot knusprig braun ist.

Für das Dressing Zesten von den Zitronen reiben. Zitronen auspressen. Zusammen mit Essig, Öl und Honig in einer Schüssel mit dem Schneebesen verrühren. Salzen und pfeffern.

Das Gemüse in mundgerechte Stücke schneiden. Oliven entkernen und halbieren. Gemüse und warmes Brot in die Schüssel geben, mit Dressing übergießen, sanft umrühren, bis die Brotwürfel weich sind. Mit frisch geriebenem Parmesan, Basilikum und etwas Zitronenzeste servieren.

TIPPS

Panzanella ist in Italien eine Resteverwertung für altes Brot und Gemüse. Jede Art von Brot und Gemüse kann in die Panzanella gegeben werden.

Im Sommer schmeckt der Salat am besten mit vielen bunten Tomatensorten.

MIN

AZ: 5 MIN | ZZ: 15 MIN

FRITTATA

Italienisches Omelett

ZUTATEN

4 EL Olivenöl
250 g Kirschtomaten
1 Knoblauchzehe mit Schale
2 Zweige Thymian
Fleur de Sel
1 Prise Kristallzucker
schwarzer Pfeffer

4 Eier
2 EL Schlagobers
30 g Parmesan
2 EL Olivenöl
1 TL Fleur de Sel
1 Stk. Mozzarella di Bufala | 150 g
1 Prise schwarzer Pfeffer
frisches Basilikum

ZUBEREITUNG

In einer Pfanne Olivenöl erhitzen. Kirschtomaten mit Knoblauch und Thymian anbraten, bis die Tomaten weich sind. Mit Salz, Zucker und Pfeffer würzen. Knoblauch und Thymian entfernen, Tomaten zur Seite geben.

Eier, Schlagobers und Parmesan in einer Schüssel verrühren. In derselben Pfanne Olivenöl erhitzen, Ei-Mischung in die Pfanne geben und bei mittlerer Hitze braten. Wenn das Ei stockt, umdrehen. Salzen. Tomaten und geschnittenen Mozzarella auf die Frittata legen, den Deckel auf die Pfanne geben und für mehrere Minuten fertig braten, bis das Ei durch und der Käse geschmolzen ist. Pfeffern und mit Basilikum bestreuen. Sofort servieren.

AZ: 5 MIN | ZZ: 15 MIN

BRUSCHETTA

Klassische italienische Vorspeise

ZUTATEN

Für zirka 20 Stück Bruschetta

1 Baguette

1/2 Knoblauchzehe

etwas Olivenöl

BRUSCHETTA TRADIZIONALE

500 g Tomaten

etwas frisches Basilikum

100 ml Olivenöl

4 EL Rotweinessig

2 TL Fleur de Sel

1 Prise schwarzer Pfeffer

1 TL Honig

200 g Parmesan

BRUSCHETTA DIAVOLO

250 g scharfe Salami

1 scharfe Pfefferoni

BRUSCHETTA SARDINE

2 Dosen Sardinen mit Haut | 200 g

2 Zitronen

50 g grüne Oliven

150 g Tomatensauce [→ Seite 47]

2 Tomaten

2 EL Olivenöl

1 Prise Fleur de Sel

1 Prise schwarzer Pfeffer

Basilikum und Zitronenzeste zum Bestreuen

ZUBEREITUNG

Backofen auf 250 °C Grill einschalten.

BRUSCHETTA TRADIZIONALE

Tomaten halbieren. Mit einem Löffel das innere Fruchtfleisch inklusive Samen herauskratzen und zur Seite geben. Fruchtfleisch in kleine Würfel schneiden.
Basilikum klein schneiden. In einer Schüssel Tomaten und Basilikum vermischen, mit Olivenöl und Essig verrühren. Einige herausgekratzte Tomatensamen dazugeben. Mit Salz, Pfeffer und Honig würzen. Parmesan in dünne Blättchen schneiden.

Brot in 1 cm dicke Scheiben schneiden. Mit Olivenöl beträufeln. Für 5–10 Minuten in den Backofen geben und knusprig grillen. Danach mit einer halben Knoblauchzehe einreiben.

Tomaten auf das Brot geben, Parmesan daraufgeben. Nochmals kurz in den Backofen schieben. Frisches Basilikum darüberstreuen und sofort servieren.

BRUSCHETTA DIAVOLO

Zubereitung wie Bruschetta tradizionale, einfach die Hälfte der Tomaten durch Salami ersetzen. Salami in dünne Streifen schneiden und zu den Tomaten geben. Eine scharfe Pfefferoni dünn schneiden und auf die Bruschetta geben.

BRUSCHETTA SARDINE

Die Sardinen mit einem kleinen Messer vorsichtig halbieren. Die Gräten in der Mitte herausnehmen. Mit Zitronensaft beträufeln. Oliven halbieren und entkernen. Tomaten halbieren, entkernen, fein hacken. Tomaten und Olivenöl in eine Schüssel geben. Salzen und pfeffern.
Tomatensauce und die feingehackte Tomaten auf die Brote geben. Oliven auf die Tomaten legen. Eine halbe Sardine pro Bruschetta auf das Ganze geben. Basilikum und Zitronenzeste darüberstreuen. Mit Pfeffer würzen.

Bruschetta diavolo, Bruschetta sardine, Bruschetta tradizionale

AZ: 15 MIN | ZZ: 40 MIN

ARANCINI

Gebackene Reisbällchen

ZUTATEN

$1/2$ Schalotte | 30 g
2 EL Olivenöl
1 Knoblauchzehe mit Schale
3 Zweige Thymian
175 g Risottoreis
1 TL Fleur de Sel
einige Fäden Safran

60 g Semmelbrösel
30 g Pecorino
1 EL Mehl
2 kleine Eier
1 EL Petersilie
1 frischer Chili
1 Stk. Mozzarella di Bufala | 150 g
50 g Semmelbrösel zum Wälzen
1 Prise schwarzer Pfeffer

1 l Maiskeimöl zum Frittieren

ZUBEREITUNG

Schalotte fein hacken. Olivenöl in einem Topf erhitzen, Knoblauch, Schalotte und Thymian dazugeben und glasig braten. Reis dazugeben und leicht anbraten, ohne zu bräunen. Mit der doppelten Menge Wasser aufgießen. Salzen. Safran dazugeben. Einmal aufkochen. Auf $1/3$ der Hitze reduzieren und mit geschlossenem Deckel den Reis kochen, bis das Wasser komplett verdampft ist. Nach dem Kochen den Reis aus dem Topf nehmen und auskühlen lassen.

Kalten Reis mit Semmelbröseln, geriebenem Pecorino, Mehl, Eiern und Petersilie zu einem klebrigen Teig vermengen. Kleine Kugeln formen (zirka 30 g pro Stück oder zirka 3 cm Durchmesser). Chili fein hacken. Mozzarella in kleine Stücke schneiden. Die Reiskugeln in der Mitte öffnen, eine kleine Menge Mozzarella und etwas Chili dazugeben, zusammendrücken und nochmals zu einer Kugel formen. Die gefüllten Kugeln in Semmelbröseln wälzen.

Öl in einen Topf geben und auf zirka 180 °C erhitzen. Die Arancini im heißen Fett 5–10 Minuten frittieren, bis sie außen goldbraun sind und der Käse im Inneren geschmolzen ist. Danach auf ein Küchenpapier geben, abtropfen lassen, pfeffern und heiß servieren.

TIPPS

Arancini werden in Italien aus übrig gebliebenem Risotto zubereitet. Jeder alte Reis kann zu Arancini verarbeitet werden.

Zum Mozzarella kann auch Prosciutto gegeben werden.

Gebackene Reisbällchen

AZ: 5 MIN | ZZ: 10 MIN

SALVIA FRITTA

Frittierte Salbeiblätter

ZUTATEN

1 Ei
50 ml Wasser
60 g Weizenmehl
15 Salbeiblätter
1 Prise Fleur de Sel

1 l Maiskeimöl zum Frittieren

ZUBEREITUNG

Ei, Wasser und Mehl zu einem flüssigen Teig verrühren. Salbeiblätter leicht salzen. Die Salbeiblätter so durch die Panade ziehen, dass noch grüne Stellen vom Salbei sichtbar sind.

Einen Topf mit Öl erhitzen. Die Salbeiblätter im heißen Fett mehrere Minuten frittieren, bis sie goldbraun sind. Nicht zu dunkel frittieren, sonst schmecken sie bitter.

Auf einem Küchenpapier abtropfen lassen und sofort servieren. Nach Bedarf noch etwas salzen.

AZ: 5 MIN | ZZ: 50 MIN

PAPPA AL POMODORO

Dicke Tomaten-Brot-Suppe

ZUTATEN

200 g Tomaten

1/2 Knoblauchzehe

4–5 Scheiben Weißbrot | 100 g

400 g geschälte Tomaten aus der Dose

2 EL Olivenöl

1 1/2 TL Fleur de Sel

1 Prise schwarzer Pfeffer

1 TL Kristallzucker

1 EL frische Petersilie

ZUM SERVIEREN

4 Scheiben Weißbrot

frisches Basilikum

Olivenöl

ZUBEREITUNG

Tomaten grob hacken. Knoblauchzehe dünn blättrig schneiden. Weißbrot grob teilen und in die geschälten Tomaten legen. Eine Pfanne mit Olivenöl erhitzen. Tomaten mit Petersilie und Knoblauch anbraten, bis sie weich und leicht gebräunt sind. Mit Tomaten und Brot aufgießen. Mit Salz, Pfeffer und Zucker würzen. Die Pappa al pomodoro so lange kochen, bis sämtliche Flüssigkeit verdampft ist. Abhängig von den Tomaten, dauert das bis zu 45 Minuten.

Heiß oder kalt mit getoastetem Weißbrot servieren. Etwas Olivenöl darübergießen, mit frischem Basilikum bestreuen.

Schnelles Kalbfleisch mit Thunfisch-Mayonnaise

AZ: 15 MIN | ZZ: 1 H

VITELLO TONNATO RAPIDO

Schnelles Kalbfleisch mit Thunfisch-Mayonnaise

ZUTATEN

KALBSSCHNITZEL

250 g Kalbsschnitzel
1/2 TL Fleur de Sel
etwas Weizenmehl
1 EL Olivenöl
1 Knoblauchzehe mit Schale
3 Zweige Thymian
1 EL Butter
schwarzer Pfeffer

SCHNELLE MAYONNAISE

200 ml Olivenöl
1 Ei
1 EL Zitronensaft
1 1/2 TL Fleur de Sel
1 Prise schwarzer Pfeffer

THUNFISCHSAUCE

1 Dose Thunfisch in Öl | 150 g
3 Sardellen
5 EL Kapern
3 EL Zitronensaft
1 Prise schwarzer Pfeffer

ZUM SERVIEREN

einige Kapern
1 Zitrone

ZUBEREITUNG

Die Kalbsschnitzel mit einem Fleischhammer plattieren, bis sie sehr dünn sind, maximal 5 mm ①. Auf beiden Seiten salzen ②, eine Seite mit Mehl stauben ③. Eine Pfanne mit Olivenöl erhitzen. Knoblauchzehe und Thymian hineingeben ④. Das Fleisch zuerst auf der bemehlten Seite scharf anbraten. Wenn das Fleisch nicht mehr roh aussieht, umdrehen und die zweite Seite braten ⑤. Etwas Butter dazugeben. Nicht nochmals wenden. Wenn das Fleisch durch ist, aus der Pfanne nehmen, pfeffern, kalt stellen.

Für die Mayonnaise eine kleine Schüssel vorbereiten. Olivenöl in einer Kanne abmessen. Das Ei mit dem Handmixer schaumig rühren ⑥. Nach und nach das Olivenöl dazugeben, ständig weitermixen ⑦. Nach einigen Minuten sollte die Mayonnaise cremig sein. Mit Zitronensaft, Salz und Pfeffer würzen, nochmals kurz mixen ⑧. Die Mayonnaise kalt stellen.

Für die Thunfischsauce alle Zutaten in eine Schüssel geben ⑨ und mit einem Stabmixer pürieren ⑩. Pfeffern, nach Bedarf salzen. Kalt stellen.

Vor dem Servieren Mayonnaise nach Belieben unter die Thunfischsauce heben ⑪. Thunfisch-Mayonnaise über das Fleisch gießen, frische Kapern darübergeben, mit etwas Zitronenzeste bestreuen.

[→ Schritte siehe nächste Seite]

TIPPS

Die Thunfischsauce schmeckt am besten, wenn sie einen Tag im Kühlschrank durchziehen kann.

Die Speise wird immer kalt serviert.

Mmh

PASTA

Von Ligurien bis zur Amalfiküste – jede Pasta ist so individuell und einzigartig wie die Region, aus der sie stammt.

AZ: 5 MIN | ZZ: 15 MIN

PASTA AL LIMONE

Pasta mit Zitronensauce

ZUTATEN

Lange Pasta, z.B. Linguini, Tagliolini, Spaghetti

100 g Parmesan

Zeste von 2 Zitronen

120 ml Zitronensaft | 3–4 Zitronen

1/4 Bund Petersilie | 15 g

200 ml Olivenöl

1/2 Knoblauchzehe

1 EL Kristallzucker

1 TL Fleur de Sel

1 Prise schwarzer Pfeffer

ZUBEREITUNG

Parmesan reiben. Zitronenschale abreiben. Zitronensaft pressen. Petersilie fein hacken. Alle Zutaten in eine Schüssel geben. Zuckern, salzen und pfeffern. Die Sauce soll süß-sauer schmecken, zu viel Säure mit Zucker ausgleichen.

Einen Topf mit Wasser zum Kochen bringen. Salzen und die Pasta laut Packungsangabe kochen.

Wenn die Pasta gekocht ist, abseihen und die heißen Nudeln in die Sauce geben. Mit einem Vorlegebesteck vermischen und sofort servieren.

TIPP

Pasta al limone ist eine leichte, frische Pasta für den Sommer.

Pasta mit Zitronensauce

AZ: 5 MIN | ZZ: 15 MIN

PASTA FREDDA

Italienisches Nudelgericht für heiße Sommertage

ZUTATEN

Kurze Pasta, z.B. Rigatoni, Fusilli, Farfalle, Orecchiette oder Penne

- 250 g Tomaten
- 1/2 Knoblauchzehe
- 1/2 Topf Basilikum | 15 g
- 200 ml Olivenöl
- Zeste von 1/2 Zitrone
- 2 TL Fleur de Sel
- 1 Prise schwarzer Pfeffer
- 1 frischer Chili
- 1 Pkg. Burrata | 200 g

ZUBEREITUNG

Tomaten in kleine Stücke hacken. Knoblauch in dünne Stifte schneiden. Basilikum grob hacken. Olivenöl, Tomaten, Knoblauch und Basilikum in eine große Schüssel geben ①–③ und mit einem Kartoffelstampfer oder den Händen zerdrücken ④. Zitronenzeste zugeben, salzen und pfeffern ⑤. Chili fein hacken und je nach Schärfegrad dosieren.

Pasta im Salzwasser kochen, abseihen und zur Sauce geben. Mit der Sauce vermengen, Burrata in Stücke reißen und dazugeben ⑥. Sofort servieren ⑦+⑧.

WELCHE TOMATEN SOLL ICH VERWENDEN?

Pasta fredda schmeckt am besten im Sommer. Es eignet sich jede Tomatensorte, die Tomaten sollen vollreif und sehr aromatisch sein. Im Sommer sind Fleischtomaten, San Marzano oder alte Tomatensorten ideal. Im Herbst und Winter nur Kirschtomaten verwenden, eventuell etwas Zucker dazugeben.

PASTA FREDDA ASIATISCH

Für eine asiatische Fusion mit Pasta fredda frischen Ingwer wie Knoblauch dünn schneiden. Statt Basilikum Thai-Basilikum, Minze und/oder Koriander verwenden.

[→ Schritte siehe nächste Seite]

AZ: 5 MIN | ZZ: 20 MIN

PASTA ALL'ARRABBIATA

Süß-scharfe Tomatensauce mit Speck

ZUTATEN

Kurze Pasta, z.B. Penne, Farfalle, Fusilli, Rigatoni

Lange breite Pasta, z.B. Papardelle oder Tagliatelle

200 g Schinkenspeck

1 Stk. Stangensellerie | 50 g

1 kleiner Chili

2 Knoblauchzehen

4 EL Olivenöl

700 g geschälte Tomaten aus der Dose

1 TL Fleur de Sel

1 Prise schwarzer Pfeffer

1 1/2 EL Zucker

frischer Basilikum

ZUBEREITUNG

Schinkenspeck in kleine Würfel schneiden. Sellerie und Chili fein hacken. Knoblauchzehen blättrig schneiden.

Einen Topf mit Olivenöl erhitzen. Schinkenspeck, Sellerie und Knoblauch anbraten, bis sie leicht gebräunt sind. Mit den Tomaten aufgießen und Chili dazugeben. Mit Salz, Pfeffer und Zucker würzen. Für zirka 15 Minuten köcheln lassen, bis die Sauce eindickt. Sauce abschmecken, sie soll süß, scharf und würzig sein. Schmeckt die Sauce noch nach rohen Tomaten, die Sauce länger kochen.

Pasta im Salzwasser kochen. Abseihen und in eine Schüssel geben. Warme Sauce über die Pasta gießen, mit einem Vorlegebesteck vermischen, mit frischem Basilikum bestreuen und sofort servieren.

TIPPS

Die Sauce kann mit Rotwein verfeinert werden. Ideal sind schwere Rotweine wie Merlot, Chianti oder Zweigelt.

Für einen deftigeren Geschmack kann auch Bauchspeck oder Pancetta anstelle von Schinkenspeck verwendet werden.

Für eine fruchtigere Sauce einen Teil der geschälten Tomaten durch frische ersetzen.

Süß-scharfe Tomatensauce mit Speck

ITALY
www.

AZ: 30 MIN | ZZ: 40 MIN

CAPPELLETTI MIT THUNFISCH UND ERBSEN

Gefüllte Nudeln aus der Emilia-Romagna

ZUTATEN

400 g frischer Pastateig
[→ Seite 36]

etwas Mehl

250 g Erbsen, frisch ausgelöst oder gefroren

200 ml Hühnersuppe
[→ Seite 53]

2 Dosen Thunfisch in Fleur de Sellake | 200 g

2 Zweige Minze

Saft von 1 Zitrone

2 EL Olivenöl

1 Prise schwarzer Pfeffer

1 Prise Fleur de Sel

ZUM SERVIEREN

500 ml Tomatensauce
[→ Seite 47]

100 ml Hühnersuppe
[→ Seite 53]

einige Minzblätter

ZUBEREITUNG

Erbsen in einen Topf geben. Mit Hühnersuppe bedecken und bei höchster Hitze mehrere Minuten kochen, bis die Erbsen durch sind. Erbsen abseihen.

Minzblätter fein hacken. Zitrone auspressen. Thunfisch abseihen und mit der Gabel zerdrücken. In eine Schüssel Olivenöl, Minze, Zitronensaft, Thunfisch und 3/4 der gekochten Erbsen geben, salzen und pfeffern. Für eine feinere Textur, die Füllung kurz mit dem Stabmixer pürieren.

Den Pastateig dünn ausrollen, mit einem Keksausstecher runde Kreise ausstechen ①. In die Mitte zirka 1 TL Füllung geben, 1 cm Rand freilassen ②. Den Rand mit etwas Wasser einstreichen. Den Teig zusammenklappen, sodass ein Halbmond entsteht. Die Ränder mit den Fingern zusammendrücken. Die Cappelletti in die Finger nehmen. Die Enden um den Finger wickeln und zusammendrücken ③. Die fertigen Cappeletti bemehlen und bis zum Kochen im Kühlschrank aufbewahren.

Cappelletti in Salzwasser für wenige Minuten kochen, bis sie an der Oberfläche schwimmen. Abseihen und in eine Schüssel geben. Mit warmer Tomatensauce übergießen. Die übrig gebliebenen Erbsen und etwas Hühnersuppe in die Schüssel geben. Mit Minze bestreuen.

[→ Schritte siehe nächste Seite]

Cappelletti formen

Ravioli formen

AZ: 25 MIN | ZZ: 35 MIN

RAVIOLI MIT KALB UND MOZZARELLA

Eine besonders edle Pastakreation

ZUTATEN

400 g frischer Pastateig
[→ Seite 36]

etwas Mehl

KALB-MOZZARELLA-FÜLLUNG

1 Stk. Frühlingszwiebel | 50 g

1/4 Bund Petersilie | 15 g

2 EL Olivenöl

2 Zweige Thymian

1 Knoblauchzehe mit Schale

200 g Kalbsfaschiertes

1 Stk. Mozzarella di Bufala | 150 g

Zeste von 1 Zitrone

1 Prise Fleur de Sel

1 Prise schwarzer Pfeffer

ZUM SERVIEREN

100 g Butter

Zeste von 1 Zitrone

50 g Pecorino

ZUBEREITUNG

Frühlingszwiebel und Petersilie fein hacken. In einer Pfanne Zwiebel und Petersilie in Olivenöl mit Thymian und Knoblauchzehe glasig anbraten. Nach dem Braten Thymian und Knoblauchzehe entfernen.

In einer Schüssel Faschiertes mit den restlichen Zutaten vermischen und gut kneten. Salzen und pfeffern.

Pastateig sehr dünn ausrollen. Mehrere lange Streifen Nudelteig vorbereiten. Auf den Teig mittig mehrmals nebeneinander zirka 1 TL Füllung geben. Rund um die Füllung mit Wasser bepinseln. Einen zweiten Streifen Nudelteig auf die Füllung legen, mit den Fingern gut andrücken. Mit einem Ravioli- oder Keksausstecher ausstechen. Die ausgestochenen Ravioli gut bemehlen, damit sie nicht zusammenkleben. Die Ravioli sind im Kühlschrank zirka 3 Tage haltbar, alternativ einfrieren.

Ravioli in kochendem Salzwasser für 1–2 Minuten kochen, bis sie an der Oberfläche schwimmen.

Zum Servieren geschmolzene Butter über die Ravioli gießen, Zitronenzeste und Pecorino darüberreiben.

[→ Schritte siehe vorige Seite]

TIPP

Statt Kalbfleisch kann auch Huhn verwendet werden.

Eine besonders edle Pastakreation

Röhrennudeln gefüllt mit Pilzen

AZ: 15 MIN | ZZ: 40 MIN

CANNELLONI AI FUNGHI

Röhrennudeln gefüllt mit Pilzen

ZUTATEN

16 Stk. Cannelloni | 250 g

400 g Eierschwammerl
1 kleine Karotte | 50 g
1 Stk. Frühlingszwiebel | 50 g
1/4 Bund Petersilie | 15 g
4 EL Olivenöl
1 Knoblauchzehe mit Schale
2 Zweige Thymian
1 TL Paprikapulver edelsüß
2 TL Zucker
3 TL Fleur de Sel
60 ml Weißwein

250 g Ricotta
1 TL Fleur de Sel
1 l Béchamelsauce [→ Seite 50]
50 g Parmesan

Olivenöl für die Ofenform

ZUBEREITUNG

Eierschwammerl grob hacken. Karotte fein reiben. Frühlingszwiebel und Petersilie fein hacken. Eine Pfanne mit Olivenöl erhitzen. Knoblauch und Thymian dazugeben. Karotten, Petersilie und Frühlingszwiebel glasig anbraten. Eierschwammerl dazugeben. Mit Paprika, Zucker und Salz würzen. Wenn die Pilze weich sind, mit Weißwein ablöschen.

Backofen auf 180 °C Heißluft vorheizen. In eine Schüssel Ricotta und Salz geben. Cremig rühren. Gebratenes Gemüse und Pilze dazugeben. Die Cannelloni damit füllen. Eine Ofenform mit Olivenöl einstreichen. Cannelloni in die Form geben. Mit heißer Béchamelsauce übergießen. Parmesan darüberreiben. Zirka 25 Minuten backen, bis der Käse geschmolzen und braun ist.

TIPPS

Statt Eierschwammerl können auch Steinpilze, Champignons oder Kräuterseitlinge verwendet werden.

Ricotta kann durch Frischkäse oder Mascarpone ersetzt werden.

AZ: 10 MIN | ZZ: 20 MIN

PASTA ALLE NOCI

Pasta mit Nusssauce

ZUTATEN

Lange dünne Pasta, z.B. Spaghetti, Linguini, Fettuccine

200 g Walnüsse
1/8 l Olivenöl
30 g Parmesan
1/8 l Vollmilch
1/8 l Schlagobers
1 TL Fleur de Sel
1 Prise schwarzer Pfeffer

4 EL Pinienkerne
1 TL Honig
50 g Rucola

ZUBEREITUNG

Walnüsse in einen Topf geben und mit Wasser bedecken. Einige Minuten kochen, bis sie weich sind. Nüsse abseihen. 2 EL gekochte Nüsse zur Seite geben, restliche Nüsse in eine Schüssel mit Olivenöl, Parmesan, Milch und Schlagobers geben. Mit einem Stabmixer fein pürieren. Salzen und pfeffern.

Eine Pfanne ohne Öl erhitzen. Darin Pinienkerne bei hoher Hitze rösten, bis sie gut gebräunt sind.

Pasta in heißem Salzwasser kochen, abseihen und in eine Schüssel geben. Warme Sauce dazugeben und restliche Nüsse dazumengen. Pinienkerne, Honig und Rucola auf die Pasta geben.

TIPP

Diese Nusssauce schmeckt auch hervorragend mit Gnocchi.

Pasta mit Nusssauce

AZ: 10 MIN | ZZ: 25 MIN

TAGLIATELLE MIT SPARGEL

So schmeckt der Frühling!

ZUTATEN

Lange Pasta, z.B. Tagliatelle, Papardelle, Fettuccine

500 g grüner Spargel
50 ml Olivenöl
1 Knoblauchzehe mit Schale
3 Zweige Thymian
1 frischer Chili
2 TL Fleur de Sel
500 ml Hühnersuppe [→ Seite 53]
2 EL Butter
etwas Zucker
schwarzer Pfeffer
Zeste von einer 1/2 Zitrone

ZUM SERVIEREN

50 ml Hühnersuppe [→ Seite 53]
50 ml Olivenöl

ZUBEREITUNG

Spargelspitzen abschneiden, restliche Stangen in 2 cm große Stücke schneiden. Einen Topf mit Olivenöl erhitzen. Knoblauch, Thymian, fein gehackten Chili und Spargelstücke und -spitzen dazugeben und braten, bis der Spargel leicht gebräunt ist. Vorsichtig mit Salz würzen, da die Hühnersuppe auch Salz enthält. Mit etwas Hühnersuppe aufgießen, bis der Spargel bedeckt ist und bei höchster Hitze kochen. Nach und nach Hühnersuppe nachgießen. Den Spargel kochen, bis er weich ist, das kann bis zu 10 Minuten dauern. Zum Schluss die restliche Suppe verkochen lassen, Butter und Zucker dazugeben und den Spargel leicht bräunen. Mit Pfeffer würzen. Zitronenzeste dazugeben.

Pasta in Salzwasser kochen. Pasta abseihen und in eine Schüssel geben. Hühnersuppe, Olivenöl und Spargel hinzufügen. Mit Vorlegebesteck umrühren und sofort servieren.

Deftiges Pastagericht für Fleischliebhaber

AZ: 15 MIN | ZZ: 25 MIN

PAPARDELLE MIT RINDERFILET-SPITZEN UND EIERSCHWAMMERL

Deftiges Pastagericht für Fleischliebhaber

ZUTATEN

Lange Pasta, z.B. Papardelle oder Tagliatelle

1 kleine Schalotte | 50 g

2 EL Petersilie

400 g Rindsfilet

200 g Eierschwammerl

4 EL Olivenöl

1 Knoblauchzehe mit Schale

3 Zweige Thymian

3 TL Fleur de Sel

1 TL Kristallzucker

150 ml Hühnersuppe
[→ Seite 53]

1/8 l Weißwein

2 EL Butter

1 Prise schwarzer Pfeffer

ZUBEREITUNG

Schalotte und Petersilie fein hacken. Rindsfilet zu 1 x 2 cm großen Filetspitzen schneiden. Eierschwammerl mit den Händen grob zerteilen. 2 EL Olivenöl in einer Pfanne erhitzen. Knoblauch, Thymian sowie Eierschwammerl dazugeben und scharf anbraten. Salzen und zuckern. Mit Hühnersuppe und Weißwein ablöschen. Eierschwammerl aus der Pfanne geben.

Pasta in Salzwasser kochen.

Filetspitzen mit Knoblauch und Thymian auf hoher Hitze leicht rosa in 2 EL Olivenöl kurz anbraten. Gegen Ende des Bratens Butter dazugeben, danach mit Weißwein und Hühnersuppe ablöschen. Salzen und pfeffern. Eierschwammerl dazugeben.

Pasta abseihen und in eine Schüssel geben. Fleisch und Schwammerl darüberleeren. Mit Vorlegebesteck vorsichtig umrühren, Petersilie darüberstreuen, sofort servieren.

TIPPS

Besonders wichtig ist es, das Rindsfilet nicht zu lange zu braten, da das Fleisch sonst zäh wird.

Statt Rindsfilet kann auch Beiried verwendet werden.

Für eine cremigere Sauce 1/2 Becher Schlagobers zum Schluss dazugeben.

AZ: 15 MIN | ZZ: 30 MIN

PASTA ALLA GENOVESE

Der Geschmack Liguriens

ZUTATEN

Kurze Pasta, z.B. Trofie, Casarecce oder Fusilli

100 g Pesto alla genovese
[→ Seite 44]

300 g grüne Fisolen
1 frischer Chili
300 g mehlige Kartoffeln
3 EL Olivenöl
1 Knoblauchzehe mit Schale
3 Zweige Thymian
2 TL Fleur de Sel
1 l Hühner- oder Gemüsesuppe

etwas frisches Basilikum
1 Prise schwarzer Pfeffer

ZUBEREITUNG

Fisolen in 2 cm große Stücke schneiden. Chili fein hacken. Kartoffeln schälen und in 2 cm große Würfel schneiden. Eine große Pfanne mit Olivenöl erhitzen. Knoblauch, Thymian, Fisolen, Chili und Kartoffeln in die Pfanne geben und anbraten, bis sie leicht gebräunt sind. Gemüse sparsam salzen, da die Suppe auch Salz enthält. Mit Suppe aufgießen, bis das Gemüse bedeckt ist. Auf höchster Stufe so lange kochen, bis das Gemüse weich ist. Nach und nach Suppe zugießen, bis die ganze Suppe verkocht ist. Wenn das Gemüse weich ist, Kartoffeln mit einer Gabel etwas zerdrücken. Warm halten.

Pasta in Salzwasser kochen, abseihen und in die Schüssel geben. Warmes Gemüse und Pesto zu den Nudeln geben. Mit Vorlegebesteck umrühren und sofort servieren. Frisches Basilikum darüberstreuen. Pfeffern.

TIPPS

Es kann Hühner- oder Gemüsesuppe verwendet werden. Hühnersuppe gibt einen volleren Geschmack, Gemüsesuppe macht die Speise leichter und frischer.

Statt Suppe kann auch mit Wasser gekocht werden, das Gemüse schmeckt dann aber nicht ganz so aromatisch.

Anstelle der Pasta passen auch Gnocchi wunderbar.

AZ: 15 MIN | ZZ: 25 MIN

FETTUCCINE MIT KAROTTEN UND GARNELEN

Pastagericht der sizilianischen Fischer

ZUTATEN

Lange Pasta, z.B. Fettuccine, Spaghetti oder Tagliatelle

1/4 Bund Petersilie | 15 g
3 große Karotten | 300 g
50 ml Olivenöl
1 ganze Knoblauchzehe mit Schale
3 Zweige Thymian
500 ml Hühnersuppe [→ Seite 53]
2 TL Fleur de Sel

20 Stk. Garnelen | 250 g
Zeste und Saft von 1 Zitrone
1 Prise schwarzer Pfeffer
50 ml Olivenöl

ZUBEREITUNG

Petersilie fein hacken. Karotten schälen, der Länge nach halbieren und in dünne Scheiben schneiden. Eine Pfanne mit Olivenöl erhitzen. Knoblauch, Thymian und Karotten dazugeben und braten, bis das Gemüse leicht gebräunt ist. Mit Hühnersuppe aufgießen, bis die Karotten bedeckt sind. Gemüse sparsam salzen, da die Suppe auch Salz enthält. Auf höchster Stufe so lange kochen, bis die Karotten weich sind. Nach und nach Suppe zugießen, bis die ganze Suppe verkocht ist. Wenn die Karotten fertig sind, diese in eine Schüssel geben und Knoblauch und Thymian entfernen.

Pasta in Salzwasser kochen. Während die Pasta kocht, Garnelen in einer Pfanne mit dem Thymian und Knoblauch glasig anbraten. Mit Zitronensaft ablöschen. Wenig salzen, pfeffern.

Pasta abseihen und in eine Schüssel geben. Karotten, Garnelen und Olivenöl dazugeben. Mit Vorlegebesteck umrühren und sofort servieren. Frische Petersilie und Zitronenzeste darüber streuen.

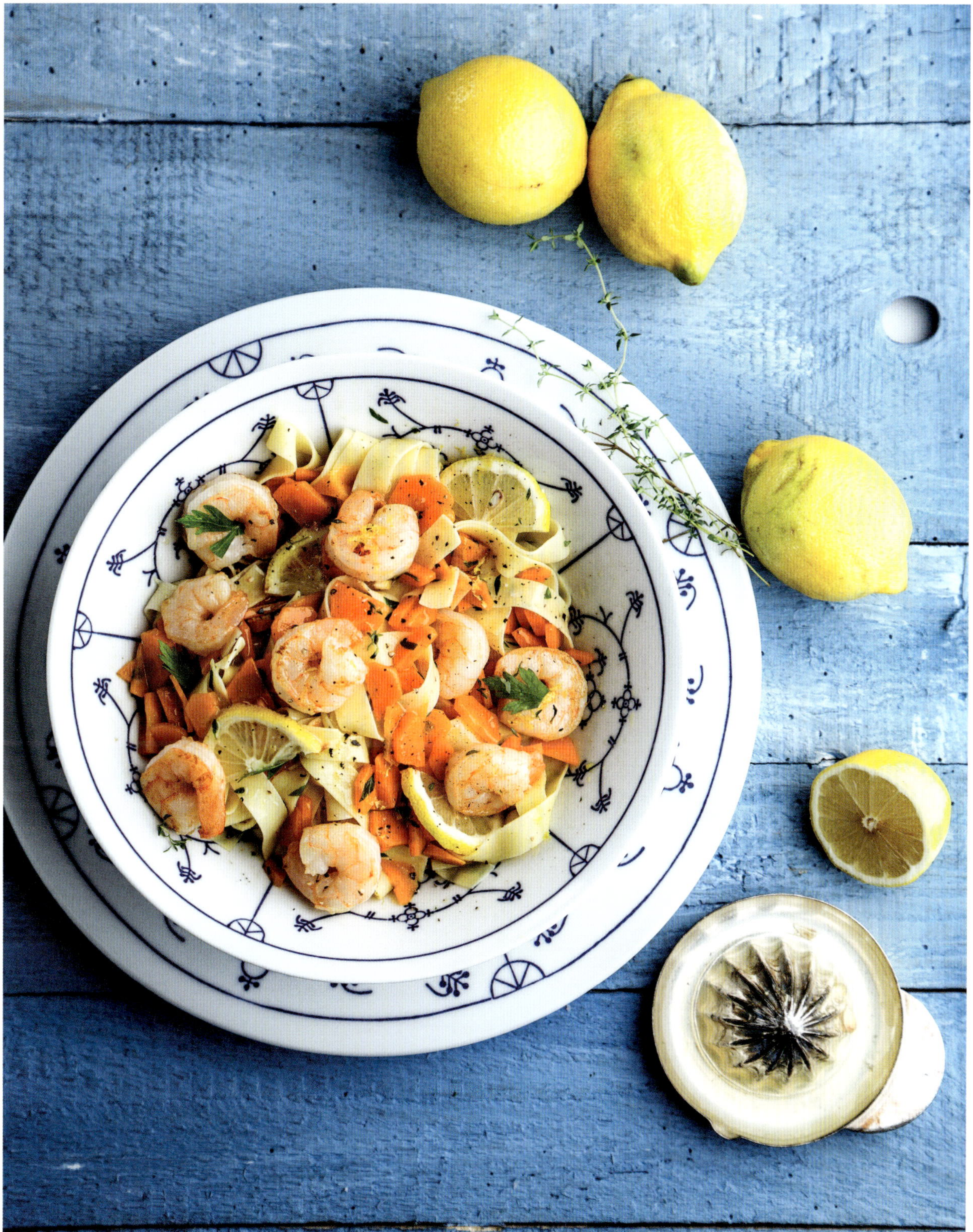

Pastagericht der sizilianischen Fischer

Pastagericht aus der Lombardei

AZ: 5 MIN | ZZ: 15 MIN

SPINAT-LINGUINI MIT GORGONZOLA

Pastagericht aus der Lombardei

ZUTATEN

Lange dünne Pasta, z.B. Spinat-Linguini, Spaghettini oder Spaghetti

oder Gnocchi [→ Seite 43]

100 g Schlagobers

250 g Gorgonzola oder Dolcelatte

100 g Parmesan

50 g Butter

1 Prise Fleur de Sel

1 Prise schwarzer Pfeffer

1 TL Honig

ZUBEREITUNG

Schlagobers in einem Topf erwärmen, nicht aufkochen. Gorgonzola und Parmesan dazugeben und unter ständigem Rühren schmelzen. Zum Schluss Butter dazugeben, nach Bedarf salzen. Pfeffern.

Pasta in Salzwasser kochen. Pasta abseihen, in eine Schüssel geben. Mit warmer Käsesauce übergießen. Etwas Honig dazugeben. Mit Vorlegebesteck umrühren und sofort servieren.

TIPP

Statt Gorgonzola kann auch anderer Blauschimmelkäse verwendet werden wie Blue Stilton oder Roquefort.

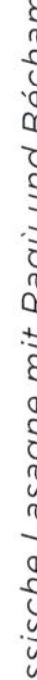
Klassische Lasagne mit Ragù und Béchamel

AZ: 10 MIN | ZZ: 40 MIN

LASAGNE AL FORNO

Klassische Lasagne mit Ragù und Béchamel

ZUTATEN

für 8 Portionen

16 Lasagneblätter

Olivenöl

2 l Ragù alla bolognese [→ Seite 48]

2 l Béchamelsauce [→ Seite 50]

100 g Parmesan

ZUBEREITUNG

Backofen auf 180 °C Heißluft vorheizen.

Eine große Ofenform, zirka 24 x 34 cm, mit Olivenöl bestreichen ①. Pro Schicht werden zirka 4 Lasagneblätter benötigt, ingesamt soll die Lasagne aus 4 Schichten bestehen.

Den Boden mit Lasagneblättern bedecken ②. Zuerst Ragù, danach Béchamel hineingießen ③+④. Sanft die nächste Schicht Lasagneblätter auf die Béchamel drücken ⑤. Diesen Vorgang 2 Mal wiederholen. Die letzte Schicht Lasagneblätter nur mit Béchamel bedecken ⑥, geriebenen Parmesan darüberstreuen ⑦. 25–35 Minuten backen, bis der Käse geschmolzen und braun ist, es leicht blubbert und die Nudelblätter durch sind.

[→ Schritte siehe nächste Seite]

TIPPS

Lasagne schmeckt besser, wenn sie einen Tag durchzieht.

Im Idealfall fülle ich die Lasagne, gebe noch keinen Parmesan auf die Oberfläche und lasse sie ungebacken eine Nacht im Kühlschrank stehen. Am nächsten Tag streue ich Parmesan darüber und backe sie. Kühlschrankkalte Lasagne benötigt beim Backen zirka 10 Minuten länger.

Übrig gebliebene Lasagne kalt stellen. Danach portionieren und einfrieren.

AZ: 15 MIN | ZZ: 45 MIN

LASAGNE AL RAGÙ BIANCO

Weiße Lasagne mit Kalbfleisch

ZUTATEN

12 Lasagneblätter

1 Stk. Stangensellerie | 50 g
2 große Karotten | 100 g
1 mittlere Zwiebel | 80 g
4 EL Olivenöl
1 Knoblauchzehe mit Schale
3 Zweige Thymian
500 g Kalbsfaschiertes
2 EL Butter
1/16 l Weißwein
1/8 l Hühnersuppe [→ Seite 53]
1 l Béchamelsauce [→ Seite 50]
100 g Parmesan

ZUBEREITUNG

Sellerie, Karotten und Zwiebel fein hacken. Eine große Pfanne mit Olivenöl erhitzen. Knoblauch und Thymian hineingeben. Sellerie, Karotte und Zwiebel glasig anbraten. Faschiertes dazugeben und braten, bis es leicht gebräunt ist. Butter dazugeben, mit Weißwein und Hühnersuppe ablöschen. Knoblauchzehe und Thymian entfernen.

Backofen auf 180 °C Heißluft vorheizen.

Eine kleine Ofenform, zirka 17 x 26 cm, mit Olivenöl bestreichen. Pro Schicht werden zirka 4 Lasagneblätter benötigt, ingesamt soll die Lasagne aus 3 Schichten bestehen.

Béchamelsauce auf die Nudelblätter geben, Gemüse-Kalbfleisch-Mischung verteilen. Den Vorgang 2 Mal wiederholen. Die letzte Schicht Lasagneblätter mit Béchamel überziehen, Parmesan darüberreiben. 25–30 Minuten backen.

Weiße Lasagne mit Kalbfleisch

Vegetarische Lasagne ohne Pasta

AZ: 15 MIN | ZZ: 45 MIN

ZUCCHINI-LASAGNE

Vegetarische Lasagne ohne Pasta

ZUTATEN

2 mittelgroße Zucchini | 400 g
1 frischer Chili
3 EL Olivenöl
3 Zweige Thymian
2 EL frische Petersilie
1 Knoblauchzehe mit Schale
1 TL Fleur de Sel
1 Prise schwarzer Pfeffer
1 Prise Zucker
1 l Tomatensauce [→ Seite 47]
1 l Béchamelsauce [→ Seite 50]
150 g Pecorino
etwas frisches Basilikum

ZUBEREITUNG

Eine halbe Zucchini in kleine Würfel schneiden. Chili fein hacken. Eine Pfanne mit Olivenöl erhitzen. Zucchini mit Thymian, Petersilie, Chili und Knoblauch scharf anbraten, bis sie gut gebräunt ist. Mit Salz, Pfeffer und Zucker würzen. Thymian und Knoblauch entfernen.

Aus den restlichen Zucchini lange Zucchini-Nudeln schneiden, dazu mit dem Messer längsweise dünne (2–3 mm) Streifen schneiden. Für den Boden dickere Streifen schneiden, zirka 5 mm. Zucchini-Nudeln mit Olivenöl beträufeln und salzen.

Backofen auf 200 °C Heißluft vorheizen.

Eine kleine Ofenform, zirka 17 x 26 cm, mit Olivenöl bestreichen. Den Boden mit den dicken Zucchini-Nudeln belegen. Tomatensauce und Béchamel auf den Nudeln verteilen. Gebratene Zucchini auf der Béchamelsauce verteilen. Den Vorgang mehrmals wiederholen, bis alle Nudeln aufgebraucht sind.

Auf die letzte Schicht Lasagneblätter Béchamel gießen, mit Pecorino bestreuen. 25–30 Minuten backen. Die Lasagne mit frischem Basilikum bestreuen.

TIPPS

Zucchini-Nudeln sind eine gute Alternative zu Pasta: Sie schmecken frischer, leichter und haben viel weniger Kalorien als ihre „Verwandten".

Die Zucchini-Lasagne ist nach dem Backen sehr flüssig. Sie lässt sich leichter servieren, wenn sie am Vortag gebacken, über Nacht gekühlt und portionsweise im Backofen aufgewärmt wird.

ZZ: 10 MIN

ZUCCHINI-SPAGHETTI MIT PESTO ROSSO

Spaghetti aus Zucchini mit veganem Pesto rosso

ZUTATEN

Pesto rosso [→ Seite 13]

Im Pestorezept Parmesan durch 50 g Pinienkerne ersetzen

50 g Pinienkerne

100 g Kirschtomaten

2 EL Olivenöl

3 Zweige Thymian

1 ganze Knoblauchzehe mit Schale

1 Prise Fleur de Sel

1 Prise schwarzer Pfeffer

1 Prise Kristallzucker

2 mittelgroße Zucchini | 400 g

10 Stk. schwarze Oliven

1/2 Topf frisches Basilikum | 15 g

ZUBEREITUNG

Eine Pfanne erhitzen. Pinienkerne bei hoher Hitze rösten, bis sie gebräunt sind und geröstet riechen.

Tomaten halbieren. Eine Pfanne mit Olivenöl erhitzen. Tomaten mit Thymian und Knoblauch anbraten, bis sie leicht gebräunt sind. Mit Salz, Pfeffer und Zucker würzen. Thymian und Knoblauch entfernen.

Mit einem Spiralschneider Zucchini-Nudeln drehen. Die Nudeln leicht salzen. In einer Pfanne mit Olivenöl scharf anbraten.

Die heißen Nudeln in eine Schüssel geben. Warmes Pesto rosso und gebratene Tomaten dazugeben. Mit Vorlegebesteck umrühren. Mit gerösteten Pinienkernen, Oliven und Basilikum servieren.

Spiralschneider

TIPPS

Zur Herstellung kann statt einem Spiralschneider ein Kartoffelschäler oder ein Messer verwendet werden. Mit dem Schäler dünne Streifen herunterziehen und zu Nudeln schneiden. Oder mit einem Messer längsweise die Zucchini dünn schneiden. Die Zucchini-Streifen zu Spaghetti, Tagliatelle oder Papardelle schneiden.

Spaghetti aus Zucchini mit veganem Pesto rosso

Vegane Lasagne mit Pilzen

AZ: 20 MIN | ZZ: 2 H

SÜSSKARTOFFEL-LASAGNE

Vegane Lasagne mit Pilzen

ZUTATEN

VEGANES RAGOUT

2 Stk. Stangensellerie | 100 g
1 große Karotte | 150 g
1 große Zwiebel 150 g
1/2 Bund Petersilie | 25 g
2 Knoblauchzehen
50 ml Olivenöl
1 1/2 TL Fleur de Sel
1/8 l Rotwein
800 g geschälte Tomaten
1 Lorbeerblatt
2 TL Kristallzucker
1 Prise schwarzer Pfeffer

FÜLLUNG

400 g Champignons
200 g gekochte Maroni
50 ml Olivenöl
1 Knoblauchzehe mit Schale
3 Zweige Thymian
1 TL Paprikapulver edelsüß
1 TL Chipotle*
2 TL Kristallzucker
1 Prise Fleur de Sel und schwarzer Pfeffer
4 EL Rotwein

ZUBEREITUNG

RAGOUT

In einer Pfanne fein gehackten Sellerie, Karotte, Zwiebel, Petersilie und geschnittene Knoblauchzehen in Olivenöl braten, ohne stark zu bräunen.

Salzen. Mit Rotwein ablöschen, Wein verkochen lassen. Geschälte Tomaten und Lorbeerblatt dazugeben. Zuckern. Die Sauce auf mittlerer Hitze köcheln lassen, bis die Flüssigkeit verdampft ist. Pfeffern.

FÜLLUNG

Champignons putzen und blättrig schneiden, Maroni mit den Händen zerteilen. Eine Pfanne mit Olivenöl erhitzen. Knoblauch, Thymian, Maroni und Champignons dazugeben und scharf anbraten. Mit Chipotle, Zucker, Salz und Pfeffer würzen. Mit Wein ablöschen und diesen verkochen lassen.

[→ weiter geht's auf der nächsten Seite]

LASAGNEBLÄTTER

3 Süßkartoffeln | 750 g
1 Prise Fleur de Sel
50 ml Olivenöl
50 g Pinienkerne
Basilikum

LASAGNEBLÄTTER

Süßkartoffeln schälen. In 3 mm dünne Scheiben schneiden und salzen.
Backofen auf 180 °C Heißluft vorheizen.

Eine kleine Ofenform, zirka 17 x 26 cm, mit Olivenöl bestreichen. Den Boden mit den Süßkartoffelscheiben belegen. Zuerst das Ragout, dann die Füllung auf die Kartoffelscheiben geben. Den Vorgang mehrmals wiederholen, bis alle Zutaten aufgebraucht sind. Die letzte Schicht sollte Ragout sein.

Im Backofen 30–40 Minuten backen, bis die Lasagne leicht blubbert, die Oberfläche gebräunt und die Kartoffeln weich sind.

Eine Pfanne erhitzen. Die Pinienkerne auf höchster Stufe trocken rösten, bis sie leicht braun sind und ein Röstaroma riechbar ist.

Nach dem Backen über die Lasagne streuen. Mit frischem Basilikum servieren.

TIPPS

*CHIPOTLE ist ein geräucherter, mild-scharfer Chili aus Mexiko. Durch seinen rauchigen Geschmack erinnert er an Speck. Für einen Rauchgeschmack kann auch geräucherter Paprika oder Rauchsalz verwendet werden. Statt Süßkartoffeln können auch festkochende Kartoffeln verwendet werden.

Mmh

PIZZA & CO.

Ich zeige euch, wie ihr Italiens größten Exportschlager einfach und vielfältig zubereitet.

AZ: 10 MIN | ZZ: 25 MIN

PIZZA MARGHERITA

Der Klassiker aus Neapel

ZUTATEN

Für 3–4 Pizze, Ø ca. 25 cm

800 g Pizzateig [→ Seite 59]

600 ml Tomatenpassata
1 Handvoll Basilikum
4 TL Fleur de Sel
2 TL Zucker
4 EL Olivenöl
4 Stk. Mozzarella di Bufala | 600 g

ZUBEREITUNG

Backofen auf 250 °C Heißluft vorheizen.

In einer Schüssel Tomatenpassata, Basilikum, Salz, Zucker und Olivenöl miteinander vermischen. Mozzarella in kleinere Stücke reißen.

Ausgerollte Pizza auf ein Backblech mit Backpapier geben. Über den ausgerollten Pizzateig die Tomatensauce und den Käse verteilen.

Pizza für 8–15 Minuten backen, bis der Rand braun ist und der Käse geschmolzen. Pizza heiß servieren.

TIPPS

Pizza margherita ist vor allem von gutem Mozzarella abhängig. Es lohnt sich geschmacklich, Büffelmozzarella zu verwenden.

Je nach gewünschter Teigdicke hat die Pizza einen Durchmesser von 20–30 cm. Daraus ergibt sich die notwendige Anzahl von Backblechen.

Zum Ausrollen des Teiges eignet sich am besten ein Teigroller aus Marmor. Durch die schwere Walze lässt sich der Teig einfacher verarbeiten.

Der Klassiker aus Neapel

AZ: 10 MIN | ZZ: 25 MIN

PIZZA VERDURA

Vegane Gemüsepizza

ZUTATEN

Für 3–4 Pizze

800 g Pizzateig [→ Seite 59]

600 ml Tomatenpassata
1 Handvoll Basilikum
4 TL Fleur de Sel
2 TL Zucker
4 EL Olivenöl

1 Zwiebel | 50 g
2 Paprika, rot und gelb | 300 g
2 große Tomaten | 200 g
1 Prise Fleur de Sel
etwas Olivenöl

5 eingelegte Pfefferoni
2 kleine Chilis

ZUBEREITUNG

Backofen auf 250 °C Heißluft vorheizen.

In einer Schüssel Tomatenpassata, Basilikum, Salz, Zucker und Olivenöl miteinander vermischen. Zwiebel und Paprika in Ringe schneiden, Tomaten in Scheiben schneiden. Gemüse etwas salzen, mit etwas Olivenöl beträufeln.

Ausgerollte Pizza auf ein Backblech mit Backpapier geben. Tomatensauce und Gemüse auf der Pizza verteilen. Pfefferoni als Ganzes auf die Pizza geben. Chilis in dünne Scheiben schneiden und sparsam verteilen.

Pizza 8–15 Minuten backen, bis der Rand und das Gemüse gut gebräunt sind. Heiß servieren.

TIPPS

Nicht-Veganer können die Pizza mit Parmesan bestreuen.

Für mehr Geschmack das Gemüse vor dem Belegen in einer Pfanne scharf anbraten.

AZ: 10 MIN | ZZ: 25 MIN

PIZZA CALZONE

Gefüllte Pizzatasche

ZUTATEN

Für 4 Pizze

800 g Pizzateig [→ Seite 59]

100 g Speck
100 g Salami
400 g Scamorza affumicata
500 g geschälte Tomaten
2 EL Olivenöl
1 Handvoll Basilikum
1 TL Fleur de Sel
2 TL Zucker

ZUBEREITUNG

Speck und Salami in kleine Würfel schneiden. Scamorza grob hacken. Tomaten, Olivenöl, grob gehacktes Basilikum, Salz und Zucker in einer Schüssel vermischen.

Backofen auf 250 °C Heißluft vorheizen.

Pizzateig dünn ausrollen. Ausgerollte Pizza auf ein Backblech mit Backpapier geben. In die Mitte des Teiges Tomatensauce, Speck und Scamorza geben. Die Pizza in der Mitte einschlagen. Die Ränder mit den Fingern zusammendrücken, den Rand nochmals umschlagen.

Die Calzone in den Ofen schieben und 10–20 Minuten backen. Heiß servieren. Mit einer Serviette umwickeln, in die Hand nehmen und essen.

TIPPS

Statt Scamorza kann auch Mozzarella verwendet werden.

Für eine glänzende Pizza calzone den Teig mit Olivenöl und etwas Tomatensauce bestreichen.

Calzone füllen

AZ: 5 MIN | ZZ: 20 MIN

PIZZA BIANCA

Weiße Pizza ohne Tomatensauce

ZUTATEN

Für 3–4 Pizze

800 g Pizzateig [→ Seite 59]

100 g Rucola
4 EL Olivenöl
einige Tropfen Balsamico
1 Prise Fleur de Sel
schwarzer Pfeffer
200 g Prosciutto
4 Stk. Burrata | 800 g

ZUBEREITUNG

Backofen auf 250 °C Heißluft vorheizen.

Pizzateig dünn ausrollen. Ausgerollte Pizza auf ein Backblech mit Backpapier geben. Pizza ohne Belag 8–15 Minuten backen, bis der Rand braun ist.

In einer Schüssel Rucola mit Olivenöl, Balsamico, Salz und Pfeffer marinieren.

Die heiße Pizza sofort nach dem Backen mit Prosciutto, Burrata und Rucola belegen und einigen Tropfen der Marinade beträufeln.

TIPPS

Die Pizza bianca ist eher Antipasto als Pizza. Sie ist im Vergleich zu anderen Pizze einfacher in der Zubereitung und vom Geschmack frischer und eleganter.

Die Pizza bianca kann mit beliebigen Wurst- und Käsearten belegt werden.

Weiße Pizza ohne Tomatensauce

AZ: 15 MIN | ZZ: 35 MIN

PIZZETTA DI PATATE

Pizza aus Kartoffeln

ZUTATEN

Für 3–4 Pizze , Ø 8 cm

500 g mehlige Kartoffeln
4 EL Olivenöl
1 EL Weizenmehl
2 Eier
50 g Parmesan
2 TL Fleur de Sel

300 g geschälte Tomaten
1 TL Fleur de Sel
1 Handvoll Basilikum
1 Stk. Mozzarella di Bufala | 150 g

ZUBEREITUNG

Kartoffeln schälen, in Würfel schneiden. In einen Topf geben, mit Wasser bedecken und kochen, bis sie weich sind. In eine Schüssel Olivenöl, Mehl, Eier, Parmesan und Salz geben. Wenn die Kartoffeln durch sind, abseihen und in die Schüssel geben. Mit einer Gabel zerdrücken. Einen Teig herstellen, solange die Kartoffeln noch warm sind.

Backofen auf 250 °C Heißluft vorheizen.

Ein Backblech mit Backpapier vorbereiten. Aus dem Teig zuerst kleine Kugeln rollen. Danach mit der Hand flachdrücken und zu einer kleinen runden Pizza formen. Geschälte Tomaten mit Salz und grob gehacktem Basilikum in einer Schüssel vermischen. Die Pizzette mit Tomaten bestreichen und mit Mozzarellascheiben belegen. 5–10 Minuten backen, bis der Käse geschmolzen ist. Vor dem Servieren einige Tropfen Olivenöl darüberträufeln.

TIPP

Pizzetta kann wie jede Pizza mit beliebigen Zutaten belegt werden.

Knusprige Pizza aus Südtirol

AZ: 15 MIN | ZZ: 1 H 30 MIN

PIZZA ALTO ADIGE

Knusprige Pizza aus Südtirol

ZUTATEN

Für 3–4 Pizze

350 g Weizenmehl
150 ml Wasser
3 EL Olivenöl
1 Prise Zucker
1 $^1/_2$ TL Fleur de Sel

250 g Mascarpone
250 g Sauerrahm
2 TL Fleur de Sel

150 g Speck
2 Birnen | 300 g
200 g Brie
2 EL Birnenbrand

etwas frischer Schnittlauch

ZUBEREITUNG

Alle Teig-Zutaten zu einem kompakten Teig kneten. Teig abschmecken, nach Bedarf nachsalzen. Teig zirka 10 Minuten lang kneten. Den Teig in Frischhaltefolie einwickeln und 1 Stunde im Kühlschrank ruhen lassen.

Backofen auf 250 °C Heißluft vorheizen. Den Teig portionieren und sehr dünn ausrollen. Mascarpone, Sauerrahm und Salz in einer Schüssel cremig rühren. Speck, Birnen und Brie in dünne Streifen schneiden. Birnen mit Birnenbrand beträufeln.

Den Teig mit der Mascarpone-Creme großzügig bestreichen. Speck, Birnen und Brie über die Pizza streuen. Je nach Größe 8–15 Minuten backen, bis der Rand braun und die Creme verlaufen ist.

Pizza heiß servieren. Mit fein gehacktem Schnitlauch bestreuen.

TIPP

Dieser Pizzateig ist ähnlich wie ein Flammkuchen. Er ist schneller in der Zubereitung als klassischer Pizzateig mit Germ.

AZ: 15 MIN | ZZ: 35 MIN

PIZZA DOLCE

Süße Pizza mit Früchten

ZUTATEN

Für 1 Pizza | 4 Portionen

200 g Pizzateig [→ Seite 59]

Im Teig Wasser durch Milch ersetzen

FRÜCHTE

4 Pfirsiche | 500 g

50 ml Rum

2 EL Kristallzucker

100 g Marmelade

CREME

250 g Mascarpone

3 Eidotter

60 g Kristallzucker

Mark von 1 Vanilleschote

ZUBEREITUNG

Backofen auf 250 °C Heißluft vorheizen.

Pizzateig zu einer Pizza formen. Teig 5 Minuten lang anbacken.

Steinobst halbieren und Kern entfernen. Mit Rum beträufeln, Zucker darüberstreuen, mit Marmelade bestreichen. 10 Minuten marinieren lassen.

In einer Schüssel Mascarpone, Eidotter, Zucker und Vanillemark verrühren. Großzügig auf die vorgebackene Pizza streichen, mit Obsthälften belegen. In den heißen Ofen schieben und ca. 10 Minuten backen, bis das Obst karamellisiert und die Pizza gut gebräunt ist.

Pizza heiß oder kalt servieren.

TIPPS

Pizza dolce kann auch mit anderem Steinobst wie Marillen, Nektarinen, Kirschen oder Zwetschken zubereitet werden.

Idealerweise verwendet man Obst und Marmelade von nur einer Frucht, z.B. frische Pfirsiche mit Pfirsichmarmelade.

Falls keine passende Marmelade verfügbar ist, Marillenmarmelade verwenden.

Italienische Feigentarte mit Ricotta

AZ: 20 MIN | ZZ: 2 H

TORTA ALLA RICOTTA CON FICHI

Italienische Feigentarte mit Ricotta

ZUTATEN

MÜRBTEIG

100 g Butter

200 g Weizenmehl

10 g Zucker

1 großes Ei

1 Prise Fleur de Sel

FÜLLUNG

12 große Feigen | 600 g

50 g Feigenmarmelade (oder Marillenmarmelade)

1 EL Grappa

1 EL Zitronensaft

250 g Ziegenfrischkäse

2 Eier

250 g Ricotta

1 1/2 TL Fleur de Sel

50 g Butter zum Befetten der Form

ZUBEREITUNG

Für den Mürbteig Butter in kleine Stücke schneiden und mit den restlichen Zutaten zu einem kompakten Teig verarbeiten. Den Teig zwischen 2 Blättern Backpapier dünn (3 mm) ausrollen. In den Kühlschrank geben, bis der Teig hart ist.

Feigen vierteln, mit Feigenmarmelade marinieren. In einer Pfanne ohne Öl scharf anbraten, mit Grappa ablöschen und mit Zitronensaft beträufeln.

In einer Schüssel Frischkäse, Eier, Ricotta und Salz vermischen.

Backofen auf 180 °C Heißluft vorheizen. Eine runde Springform, 24 cm Durchmesser, vorbereiten. Die Ofenform mit viel Butter bestreichen. Wenn der Teig hart ist, beide Backpapiere entfernen. Über die Ofenform geben und sanft hineindrücken. Vorsichtig den Teig auch an den Seitenrand der Ofenform drücken. Mit dem Messer entlang der Oberkante der Ofenform schneiden und somit den überschüssigen Teig entfernen. Den Teig 15 Minuten anbacken, bis er sich vom Rand löst. Tarte aus dem Ofen nehmen.

In die vorgebackene Tarte die Ricotta-Mischung geben und die Feigen darüber verteilen. Für weitere 10–15 Minuten fertig backen, bis die Feigen gebräunt sind und die Ricotta-Mischung gestockt ist.

Aus dem Ofen nehmen. Die Springform vorsichtig öffnen und die Tarte herunterheben. Tarte kalt oder warm servieren.

Luftiges Weißbrot mit Kräutern

AZ: 15 MIN | ZZ: 2 H

FOCACCIA

Luftiges Weißbrot mit Kräutern

ZUTATEN

250 g Wasser
125 ml Vollmilch
20 g frische Germ
600 g Weizenmehl T 700
50 ml Olivenöl
10 g Fleur de Sel
15 g Zucker

KRÄUTER-ÖL

1 TL frischer Rosmarin
1 Salbeiblatt
3 Zweige Thymian
2 EL Olivenöl

25 Stk. entkernte schwarze Oliven | 80 g

ZUBEREITUNG

In einer Schüssel Wasser, Milch und Germ mit dem Schneebesen verrühren. Mehl, Olivenöl, Salz und Zucker dazugeben. Zu einem Teig verarbeiten und 10 Minuten kneten. Teig mit Zucker und Salz abschmecken. Den Teig 30 Minuten bei Zimmertemperatur rasten lassen.

Den Teig auf einem mit Backpapier belegten Blech mit einem Nudelholz zu einem Rechteck ausrollen. Den Teig mit einem Geschirrtuch zudecken und 45 Minuten aufgehen lassen.

Backofen auf 200 °C Heißluft vorheizen. Für das Kräuter-Öl die Kräuter fein hacken und mit dem Olivenöl vermengen. Oliven entkernen und halbieren.

Das Geschirrtuch entfernen, mit den Fingern die typischen Focaccia-Löcher in den Teig drücken. Mit Kräuter-Öl bestreichen, Oliven in die Löcher drücken.

Focaccia 20–30 Minuten backen. Die Focaccia soll leicht gebräunt, locker und luftig sein. Focaccia warm servieren.

ZZ: 30 MIN

RISOTTO MILANESE

Cremiges Reisgericht aus Mailand

ZUTATEN

800 ml Hühnersuppe [→ Seite 53]

1 kleine Schalotte | 30 g
2 EL Butter
1 EL Olivenöl
1 Knoblauchzehe mit Schale
3 Zweige Thymian

250 g Risottoreis
1/8 l Weißwein
1 Messerspitze Safran
1 1/2 TL Fleur de Sel
1 Prise schwarzer Pfeffer
1 kleiner Chili
1 Prise Muskatnuss
50 g Butter
50 g Parmesan

ZUM SERVIEREN

frisch geriebener Parmesan
etwas Olivenöl
frische Thymianblättchen

ZUBEREITUNG

Hühnersuppe in einem Topf erhitzen, nicht aufkochen.

Schalotte fein hacken, in einem Topf mit Butter und Olivenöl, Knoblauch und Thymian mehrere Minuten glasig braten.

Danach Reis hinzugeben, kurz anbraten, ohne den Reis zu bräunen. Mit Weißwein ablöschen, Safranfäden hinzugeben und Wein verkochen lassen.

Mit heißer Hühnersuppe aufgießen, bis der Reis bedeckt ist. Unter ständigem Rühren nach und nach Suppe zugießen, der Reis muss immer bedeckt sein. Den Reis laut Packungsanleitung kochen, bis er al dente ist. Zum Schluss soll sich die Suppe komplett verkochen.

Risotto vom Herd nehmen. Mit Salz, Pfeffer, etwas Chili und frisch geriebener Muskatnuss würzen. Zum Schluss Butter und Parmesan ins Risotto einarbeiten.

Die Knoblauchzehe und die Thymianzweige entfernen. Mit frisch geriebenem Parmesan, ein paar Tropfen Olivenöl und einigen Thymianblättchen servieren.

TIPPS

Im Supermarkt findet ihr mehrere Arten Risottoreis, ich bevorzuge Carnarolireis.

Der wichtigste Geschmacksträger beim Risotto ist die Suppe, deswegen koche ich Risotto am liebsten mit selbst gemachter Hühnersuppe. Suppenwürfel oder fertige Brühen im Glas sind Alternativen, schmecken aber nicht so klar und aromatisch.

Risottoreis soll al dente sein und nicht weichgekocht werden. Ein Reiskorn in der Mitte durchschneiden. Wenn noch ein kleiner Punkt im Reiskorn sichtbar ist, ist der Reis al dente.

Perfektes Risotto soll cremig sein und beim Servieren seine Form behalten. Wenn sich beim Servieren ein Fettfilm bildet, wurde zu viel Butter verwendet. In diesem Fall das Risotto mit Hühnersuppe binden.

Ist das Risotto eher flüssig und gleicht einer Suppe, mehr einkochen oder mit Butter binden.

Cremiges Reisgericht aus Mailand

ZZ: 35 MIN

RISOTTO MIT JAKOBSMUSCHELN

Eine einfache, edle und pure Risottovariante

ZUTATEN

800 ml Hühnersuppe [→ Seite 53]
400 g Jakobsmuschelfleisch, frisch oder gefroren

1 kleine Schalotte | 30 g
2 EL Butter
1 EL Olivenöl
1 Knoblauchzehe mit Schale
3 Zweige Thymian

250 g Risottoreis
1/8 l Prosecco

50 g Butter
50 g Parmesan

1 kleine Zucchini | 150 g
1 Knoblauchzehe mit Schale
2 EL Petersilie
3 Zweige Thymian
2 EL Olivenöl
2 EL Grappa
1 EL Butter

2 Zitronen

ZUBEREITUNG

Hühnersuppe in einem Topf erhitzen, nicht aufkochen.

Falls gefrorene Jakobsmuscheln verwendet werden, vorher auftauen lassen. Auf jeden Fall Muschelfleisch mit kaltem Wasser abspülen und trocken tupfen.

Schalotte fein hacken, in einem Topf mit Butter und Olivenöl, Knoblauch und Thymian mehrere Minuten glasig braten.

Danach Reis hinzugeben, kurz anbraten, ohne den Reis zu bräunen. Mit Prosecco ablöschen und verkochen lassen.

Mit etwas heißer Hühnersuppe aufgießen, bis der Reis bedeckt ist. Unter ständigem Rühren bei mittlerer Flamme nach und nach Suppe zugießen, der Reis muss immer bedeckt sein. Den Reis laut Packungsanleitung kochen, bis er al dente ist. Zum Schluss soll sich die Suppe ganz verkochen.

Risotto vom Herd nehmen. Mit Salz, schwarzem Pfeffer und frisch geriebener Muskatnuss würzen. Zum Schluss Butter und etwas Parmesan ins Risotto einarbeiten.

Zucchini in kleine, ca. 5 mm große Würfel schneiden. In einer Pfanne Olivenöl erhitzen. Zucchini zusammen mit Knoblauch und Thymian scharf anbraten. Salzen und pfeffern. Zucchini aus der Pfanne nehmen, Knoblauch und Thymian weiterverwenden. Jakobsmuscheln in derselben Pfanne mit Olivenöl scharf anbraten, auf allen Seiten leicht bräunen, nicht zu oft wenden und für 2–3 Minuten braten, sie sollen innen glasig bleiben. Zum Schluss mit Grappa ablöschen, etwas Butter zugeben.

Die Knoblauchzehe und den Thymian entfernen. Gebratene Zucchini unter das Risotto heben. Risotto mit frisch geriebenem Parmesan, ein paar Tropfen Olivenöl und einigen Thymian-Blättchen servieren. Gebratene Muscheln auf das Risotto legen. Zitronen halbieren, zu jeder Portion den Gästen eine Zitronenhälfte zum Beträufeln der Muscheln reichen.

Eine einfache, edle und pure Risottovariante

Italienisches Ratatouille mit Paprika

AZ: 10 MIN | ZZ: 1 H

PEPERONATA

Italienisches Ratatouille mit Paprika

ZUTATEN

1 mittelgroße Zwiebel | 80 g
2 EL Olivenöl
1 Knoblauchzehe mit Schale
3 Zweige Thymian
1 TL Fleur de Sel
1 EL Zucker
$^{1}/_{16}$ l Rotwein

3 rote Paprika | 600 g
4 EL Olivenöl
2 EL Rotwein
400 g geschälte Tomaten
$^{1}/_{2}$ TL Fleur de Sel
1 Prise Zucker

2 EL Rotweinessig
schwarzer Pfeffer
etwas Zitronenzeste

ZUBEREITUNG

Die Zwiebel in Ringe schneiden. In eine Pfanne mit Olivenöl, Knoblauch und Thymian geben und anbraten, bis die Zwiebelringe weich sind. Salzen und zuckern. Mit Rotwein ablöschen und diesen verkochen lassen. Die weichen roten Zwiebeln aus der Pfanne nehmen zur Seite stellen. Knoblauch und Thymian in der Pfanne lassen.

Paprika entkernen und in schmale Streifen schneiden. In derselben Pfanne Olivenöl erhitzen. Paprika salzen und anbraten, bis sie leicht gebräunt sind. Mit Rotwein ablöschen. Wenn dieser verkocht ist, geschälte Tomaten, Salz und Zucker dazugeben und ohne Deckel 30–45 Minuten köcheln lassen, bis die meiste Flüssigkeit verdunstet ist. Zum Schluss Zwiebeln und Rotweinessig dazugeben, abschmecken, pfeffern, Zitronenzeste beifügen.

TIPPS

Am besten mit getoastetem Weißbrot heiß oder kalt servieren.

Peperonata hält im Kühlschrank mehrere Tage.

Fleischbällchen in süß-scharfer Tomatensauce

AZ: 10 MIN | ZZ: 40 MIN

POLPETTE AL FORNO

Fleischbällchen in süß-scharfer Tomatensauce

ZUTATEN

FLEISCHBÄLLCHEN

50 g Parmesan

1/2 Bund Petersilie

100 g Salsiccia piccante oder Salami

1/2 Knoblauchzehe

500 g Rindsfaschiertes

150 g Semmelbrösel

2 Eier

2 TL Fleur de Sel

1 Prise schwarzer Pfeffer

TOMATENSAUCE

1 l Tomatenpassata

2 EL Olivenöl

1 Lorbeerblatt

1 Knoblauchzehe mit Schale

2 EL Zucker

1 kleiner Chili

2 TL Fleur de Sel

200 ml Milch

1 Prise schwarzer Pfeffer

ZUBEREITUNG

Backofen auf 180 °C Heißluft vorheizen.

Parmesan reiben, Petersilie, Salsiccia und Knoblauch fein hacken. Etwas Petersilie auf die Seite geben.

Faschiertes zusammen mit Petersilie, Parmesan, Salsiccia, Knoblauch, Semmelbröseln und Eiern in einer Schüssel vermengen, mit den Händen gut durchkneten. Salzen und pfeffern. Kleine Fleischbällchen mit 3–4 cm Durchmesser formen.

Eine große Ofenform vorbereiten. Tomatenpassata, Olivenöl, Lorbeerblatt, Knoblauchzehe, Zucker, fein gehackten Chili und Salz dazugeben und mit dem Schneebesen verrühren. Die Fleischbällchen in die Sauce geben.

20–30 Minuten backen, bis die Bällchen gut gebräunt sind. Milch vorsichtig in die Sauce einrühren und pfeffern.

Vor dem Servieren mit Olivenöl bestreichen und fein gehackte Petersilie über die Polpette streuen.

TIPP

Polpette schmecken warm als Hauptspeise oder kalt als Antipasti auf Brot serviert.

AZ: 5 MIN | ZZ: 25 MIN

FAGIOLI

Eintopf aus weißen Bohnen in Tomatensauce

ZUTATEN

2 EL Olivenöl
4 Salbeiblätter
1/2 Knoblauchzehe
500 g gekochte weiße Bohnen
250 g Tomatenpassata
1 TL Fleur de Sel
1 Prise schwarzer Pfeffer
2 1/2 TL Kristallzucker

Saft von 1/2 Zitrone

2 EL Olivenöl
1 Knoblauchzehe mit Schale
4 Scheiben Weißbrot, 5 mm dick

ZUBEREITUNG

In einem Topf Olivenöl erhitzen. Salbeiblätter und Knoblauch dazugeben und leicht anbraten. Bohnen und Tomatenpassata beifügen. Mit Salz, Pfeffer und Zucker würzen. Zirka 20 Minuten auf kleiner Flamme köcheln lassen, bis die Sauce eingedickt ist.

Vor dem Servieren etwas Zitronensaft und ein paar Tropfen Olivenöl darübergeben.

In einer Pfanne Olivenöl erhitzen. Knoblauchzehe dazugeben. Weißbrot auf beiden Seiten knusprig anbraten. Für mehr Knoblaucharoma die Knoblauchzehe halbieren und das Brot damit einreiben und salzen. Brot separat servieren.

TIPPS

Besser schmecken selbst gekochte Bohnen und nicht Bohnen aus der Dose. Dafür 200 g getrocknete Bohnen 12 Stunden in Wasser einweichen. Anschließend 1 Stunde lang in frischem Wasser mit etwas Natron oder Backpulver kochen und zum Schluss salzen. Danach zügig weiterverarbeiten.

Fagioli schmecken auch sehr gut mit Thunfisch. Den Thunfisch grob zerteilen, auf keinen Fall mitkochen, erst zum Schluss für wenige Minuten dazugeben.

Eintopf aus weißen Bohnen in Tomatensauce

ANHANG

Kochbegriffe,
Glossar, Bezugsquellen,
Menüvorschläge,
Rezeptregister
und mehr ...

WICHTIGE (KOCH-)BEGRIFFE

Als **ABLÖSCHEN** bezeichnet man das Zugeben von Flüssigkeit während dem Braten. Zum Ablöschen eignet sich jede Flüssigkeit: Wasser, Suppen, Milch, Wein oder Spirituosen. Durch das Ablöschen werden eingebrannte Aromen gelöst und verbessern dadurch den Geschmack der Speise.

AL DENTE bedeutet bissfest gekocht. Bissfest ist das Gegenteil von matschig. Pasta soll gar sein, aber nicht zu weich oder zerkocht.

Die **ALLROUND-EDELSTAHL-REIBE** ist mein Lieblingswerkzeug, um Zesten, Muskatnüsse oder Ingwer zu reiben. Sie besteht aus einem Kunststoffgriff und einer langen schmalen Reibe.

Beim **ABSEIHEN** werden Pasta, Nudeln etc. von der Kochflüssigkeit getrennt. Die Zutaten werden meistens in ein Sieb gegeben, damit die Flüssigkeit abtropfen kann.

Alle Germteige können **AUFGEHEN**. Durch die Germ vergrößert sich die Masse, der Teig wird locker und luftig.

Beim **BLANCHIEREN** werden Lebensmittel für wenige Sekunden bis zu einer Minute in kochend heißes Wasser gegeben, um z.B. Tomaten zu schälen oder die Farbe bei Brokkoli aufzufrischen. Danach muss das Lebensmittel sofort in kaltes Wasser mit Eiswürfeln, damit der Kochprozess gestoppt wird.

BURRATA ist ein Frischkäse, ähnlich wie Mozzarella. Sie besteht ebenso aus Büffelmilch und ist gefüllt mit einer Mischung aus Schlagobers und Mozzarellasträngen. Dadurch schmeckt die Burrata besonders cremig.

FLASCHENTOMATEN sind längliche und schmale Tomaten. Sie haben ein festes Fruchtfleisch und sind sehr aromatisch. Sie sind ideal für Tomatenpassata und Tomatensaucen.

FLEUR DE SEL ist ein handgeschöpftes Meersalz, es bedeutet übersetzt Salzblume und kommt vorwiegend aus Frankreich. Fleur de Sel hat einen leichteren und feineren Geschmack als normales Meer- oder Steinsalz.

GLASIG BRATEN bedeutet das Anbraten von Gemüse, Fisch etc., ohne es zu bräunen. Das Gemüse wird leicht durchsichtig und behält seinen Eigengeschmack.

GRAPPA ist ein alkoholisches Getränk aus Italien, welches aus den Pressrückständen von Trauben entsteht. Grappa hat mindestens 37,5 Vol.-% und zählt zu den Spirituosen.

GUSSEISERNE TÖPFE sind schwere Eisentöpfe und -pfannen. Durch ihre sehr guten Wärmeeigenschaften sind sie ideal zum Schmoren und für Speisen, die lange kochen (z.B. Ragù alla bolognese). Gusseisernes Geschirr ist mit oder ohne Beschichtigung erhältlich und hat eine hohe Lebensdauer.

HARTWEIZENGRIESS wird aus Hartweizen hergestellt. Anders als normaler Grieß (welcher aus Weichweizen gemacht wird) hat er eine besonders gelbe Farbe und einen hohen Eiweißgehalt. Dieser macht den Pastateig elastisch.

MASCARPONE ist ein italienischer Doppelrahm-Frischkäse und wird sehr viel in der Dessertküche verwendet, z.B. für Tiramisu.

MOZZARELLA DI BUFALA ist ein italienischer Frischkäse und gilt als der echte Mozzarella. Er besteht immer aus Wasserbüffelmilch und wird traditionell in Süditalien hergestellt. Anders als Mozzarella aus Kuhmilch ist er fein aromatisch und hat einen Eigengeschmack. Da es viel weniger Wasserbüffel als Kühe gibt, ist der Käse teurer.

PARMIGIANO REGGIANO ist ein italienischer Hartkäse, der umgangssprachlich als Parmesan bezeichnet wird. Sowohl die Herkunft als auch die Produktion sind gesetzlich geregelt.

PECORINO ist ein Hartkäse, der ursprünglich nur aus Schafsmilch hergestellt wurde. Er kann ähnlich wie Parmesan verwendet werden, hat aber einen leichteren Geschmack. In Italien gibt es viele verschiedene Varianten von Pecorino, die auch Kuh- oder Ziegenmilch enthalten können.

PLATTIEREN bedeutet das platt- bzw. flachdrücken von Fleisch, z.B. mit einem Fleischhammer. Durch Plattieren wird Fleisch sehr dünn, hat eine gleichmäßige Dicke und ist ideal für schnelles Anbraten. Plattiertes Fleisch ist wichtig für Scalopine, Wiener Schnitzel oder Saltimbocca.

RICOTTA ist ein Frischkäse und wird aus Molkeresten der Käseproduktion hergestellt. Ricotta kann aus beliebigen Milcharten produziert werden: Kuh, Schaf, Ziege oder Wasserbüffel.

SALSICCIA ist eine grobe, pikante Bratwurst und wird je nach Herkunftsregion unterschiedlich gewürzt. Sie schmeckt roh, kann zu beliebigen Speisen hinzugefügt oder gebraten werden. Salsiccia gibt es piccante (scharf würzig) und dolce (mild und leicht süß).

Eine **SAUCE REDUZIEREN** bedeutet, dass sie ohne Deckel gekocht wird, bis das Wasser vedampft und die Sauce ohne Zugabe von Verdickungsmitteln (Stärke, Mehl etc.) eindickt. Durch das Reduzieren intensiviert sich der Geschmack, die Menge wird gleichzeitig weniger.

SCAMORZA ist ein weicher Käse, der mit heißem Wasser überbrüht wird. Er hat eine typische Birnenform. Der Scamorza affumicata wird über Stroh geräuchert und hat ein sanftes Räucheraroma.

Ein **SPIRALSCHNEIDER** wird benötigt, um Gemüsenudeln, z.B. aus Zucchini, herzustellen.

STAUBEN bedeutet das Bestreuen von Lebensmitteln mit Mehl.

TOMATENPASSATA sind passierte Tomaten oder Tomatenpüree. Die Passata ist meistens nur leicht gesalzen, wird im Tetrapak, in Dosen oder Gläsern verkauft.

VOLLMILCH ist Kuhmilch mit dem höchsten Fettanteil von zirka 3,5 %. Da Fett ein wichtiger Geschmacksträger ist, verwende ich nur frische Vollmilch.

VORLEGEBESTECK ist Besteck, welches zum Anrichten und Servieren am Esstisch verwendet wird. Vorlegebesteck ist größer als Essbesteck und deswegen ideal zum Portionieren von Speisen.

ZESTE ist die Schale von Zitrusfrüchten (z.B. Orangen und Limetten). Zesten beinhalten die ätherischen Öle und das Aroma der Zitrusfrucht. Zesten können mit einer Allround-Edelstahl-Reibe oder einem Zestenreißer gewonnen werden.

GLOSSAR

Eidotter	Eigelb
Eierschwammerl	Pfifferlinge
Faschiertes	Hackfleisch
Fisolen	Grüne Bohnen
Frühlingszwiebel	Jungzwiebel
Germ	Hefe
Karotte	Möhre
Lauch	Porree
Marille	Aprikose
Marmelade	Konfitüre
Orange	Apfelsine
Sauerrahm	Saure Sahne
Schlagobers	Schlagsahne
Semmelbrösel	Paniermehl
Staubzucker	Puderzucker
Zwetschke	Pflaume

BEZUGSQUELLEN

Die meisten Lebensmittel, die in diesem Kochbuch vorkommen, sind in regulären Supermärkten oder beim Lebensmittel-Diskonter erhältlich. Obst und Gemüse kaufe ich bevorzugt in lokalen Bauernläden oder am Markt.

Spezielle italienische Produkte finde ich in italienischen Geschäften in Wien. Bei jedem Italienurlaub nehme ich außerdem statt Souvenirs Lebensmittel mit nach Hause, vom Supermarkt oder lokalen Alimentari. Besondere Lebensmittel oder Großmengen bestelle ich am liebsten online.

PFEFFERSORTEN UND ANDERE GEWÜRZE

www.spiceworld.at

www.ingo-holland-shop.de

www.ankerkraut.de

FLEUR DE SEL GROSSPACKUNGEN

www.fleur-de-sel24.de

ITALIENISCHE LEBENSMITTEL

www.sapori-del-sud.at

www.amatulli.de

www.emilia.de

www.gustini.de

www.gourmondo.de

www.andronaco-shop.de

KÜCHENHELFER, PASTA ZUBEHÖR

www.biber.com

www.springlane.de

www.nudelnest.de

www.kochform.de

www.chuchilade.ch

WOLF
RULF
Super

MENÜ VORSCHLÄGE

Ob für den schnellen Hunger, ein großes Fest oder Gäste mit besonderen Ernährungsstil, die folgenden Menüvorschläge sind für viele Gelegenheiten passend.

SCHNELL & EINFACH

I. Frittata, 79

II. Pasta fredda, 97

ECONOMY MENÜ

I. Fagioli, 170

II. Pasta al limone, 94

ELEGANTES MENÜ

Gin Martini, 67

I. Salvia fritta, 85

II. Risotto mit Jakobsmuscheln, 162

III. Torta alla ricotta con fichi, 157

VEGETARISCHES MENÜ

I. Pappa al pomodoro, 86

II. Pizza verdura, 143

FÜR KÄSELIEBHABER

I. Arancini, 82

II. Spinat-Linguini mit Gorgonzola, 123

VEGANES MENÜ

I. Panzanella (Parmesan und Honig weglassen), 77

II. Süßkartoffel-Lasagne, 135

FÜR VIELE GÄSTE

Negroni Orange, 67

I. Bruschetta, 80

II. Lasagne al forno, 125

III. Torta alla ricotta e fichi, 157

FÜR FLEISCHLIEBHABER

Americano, 67

I. Vitello tonnato rapido, 89

II. Papardelle mit Rinderfiletspitzen und Eierschwammerl, 115 oder Lasagne bianche, 128

FÜR FISCHGENIESSER

Juliano Spritz,065

I. Bruschetta sardine, 80

II. Fettuccine mit Karotten und Garnelen, 120

ALPHABETISCHES REZEPTREGISTER

P

Q

R

S

T

V

W

Z

MEINE KOCHSCHULE IN WIEN

Jeder, der mich kennt, weiß, dass ich tolles Essen, die schönen Dinge des Lebens und ansprechendes Design liebe.

SIMPLY GOOD FOOD. Kochen, Lernen & Erleben

In meiner Kochschule stehen Genuss, kulinarische Extravaganz, Liebe zum Detail und Spaß am Kochen an erster Stelle.

Wenn du gerne kochst, raffiniertes Essen und feine Küche liebst, dir deine Gesundheit und dein Wohlbefinden wichtig sind, dann bist du bei mir richtig. Neben vielen Tipps und Tricks sowie praktischem Wissen zeige ich dir in meiner Kochschule, wie du zum Küchenprofi wirst.

Meine Küchenphilosophie verbindet sämtliche großen Trends und Bewegungen der traditionellen und aktuellen Gourmetströmungen und grenzt nichts aus.

Neben Pasta und klassischer italienischer Küche koche ich in der Kochschule auch französisch, asiatisch, das Beste vom Fleisch, französische Patisserie und natürlich auch österreichische Küche.

Selbstverständlich unterrichte ich auch vegetarische, veganen Küche und RAW Cuisine.

Wenn du nicht nach Wien kommen kannst, komme ich auch gerne zu dir nach Hause, für Einzelprivatkurse oder mit mehreren Personen.

Aktuelle Kurstermine findest du immer auf meiner Website.

WWW.JULIANKUTOS.COM

DANK

Herzlichen Dank an meine Familie, dass sie mich immer unterstützt. Einen großen Dank an meine Inspiration und meine Förderer, Alexander und Elisabeth. Weiters danke ich Anita und Christina vom Löwenzahn Verlag.

IMPRESSUM

Auflage:

2020	2019	2018	2017
4	3	2	1

Erlerstraße 10, A-6020 Innsbruck

E-Mail: loewenzahn@studienverlag.at

Internet: www.loewenzahn.at

Umschlag- und Buchgestaltung sowie grafische Umsetzung:
Miriam Strobach, www.lefoodink.com

Fotografien: Wolfgang Hummer, www.wolfganghummer.com

Gedruckt auf umweltfreundlichem, chlor- und säurefrei gebleichtem Papier.

Bibliografische Information Der Deutschen Bibliothek

Die Deutsche Bibliothek verzeichnet diese Publikation in der Deutschen Nationalbibliografie; detaillierte bibliografische Daten sind im Internet über <http://dnb.ddb.de> abrufbar.

ISBN 978-3-7066-2618-7